本书由成都信息工程大学思政专项经费资助出版

大学生
核心素养研究

段亚菲◎著

九州出版社
JIUZHOUPRESS

图书在版编目（CIP）数据

大学生核心素养研究 / 段亚菲著. — 北京：九州出版社，2023.9

ISBN 978-7-5225-2265-4

Ⅰ.①大… Ⅱ.①段… Ⅲ.①大学生-素质教育-研究-中国 Ⅳ.①G640

中国国家版本馆CIP数据核字（2023）第191838号

大学生核心素养研究

作　　者	段亚菲　著
责任编辑	李创娇
出版发行	九州出版社
地　　址	北京市西城区阜外大街甲35号（100037）
发行电话	（010）68992190/3/5/6
网　　址	www.jiuzhoupress.com
印　　刷	天津中印联印务有限公司
开　　本	710毫米×1000毫米　16开
印　　张	13.5
字　　数	180千字
版　　次	2023年9月第1版
印　　次	2023年9月第1次印刷
书　　号	ISBN 978-7-5225-2265-4
定　　价	59.00元

　　党的十八大以来，习近平总书记站在党和国家事业发展全局的战略高度，围绕青年成长成才发表了一系列重要讲话，对于做好新时代青年工作具有重大的指导意义。党的十九大报告强调，"青年一代有理想、有本领、有担当，国家就有前途，民族就有希望。"党的二十大报告强调，"青年强，则国家强。"当代中国青年生逢其时，施展才干的舞台无比广阔，实现梦想的前景无比光明。青年作为中国特色社会主义事业的建设者和接班人，应深刻理解总书记关于青年工作的重要论述，明确自身在新时代肩负的历史使命，与党同向同行，与时代同频同步，不断激发学习和工作的内在动力，为中华民族伟大复兴作出应有的贡献。

　　核心素养是个体应具备的、能够适应终身发展和社会发展需要的具备品格和关键能力，是知识、技能、情感、态度和价值观等多方面的综合体现。在 21 世纪机遇与挑战并存的大时代背景下，具备核心素养是时代赋予青年大学生的使命。当前，核心素养的理念和体系在我国日趋完善，它不仅引领着我国 21 世纪教育改革的方向，而且关系到国家、社会的发展以及千千万万家庭的未来。青年是国家的未来和希望，肩负着实现中华民族伟大复兴的历史重任，对其核心素养及其培育进行研究无论对青年个人发展、高等教育发展，还是国家发展都具有重要的现实意义。

新时代中国青年的现状可以从多个层面分析：教育层面，随着高等教育普及化时代的到来，大部分青年都有机会接受更好的、有特色的教育，越来越多的青年进入大学深造。然而，在激烈的竞争环境中，学业压力普遍存在，尤其是随着经济转型和就业市场的变化，越来越多的大学生面临就业压力。精神层面，中国青年对个人成长和自我实现充满期待，他们渴望发展自己的兴趣爱好，勇于和敢于追求梦想，注重个人发展和价值观的塑造。一些大学生关心关注社会热点问题，积极参与公益活动；社会环境层面，青年大学生面临传统文化与现代价值观之间的冲突和选择。一方面在传统文化的影响下，青年大学生重视家庭观念、孝道和传统道德价值；另一方面，他们也接受了更多开放、多元和国际化的观念，更加关注个人权利、性别平等和民主正义等问题。此外，青年大学生是数字时代的宠儿，他们广泛应用互联网和新科技，一方面享受着互联网在获取信息、交流沟通等方面带来的快捷便利；一方面也面临着互联网带来的挑战，必须在垃圾信息泛滥、信息过载的网络环境下，学会正确使用和管理网络资源。

中国青年的现状具有多样性和复杂性，个体之间的差异较大，不同地区、不同背景和不同生活经历的青年可能面临不同的挑战和机遇。大学生是当代青年的佼佼者，是未来社会发展的引领者，具备核心素养既是个人成长之需，也是时代发展之要。

从本质上看，关注大学生核心素养，就是关注"高等教育到底应该培养什么样的人"这一根本性问题，聚焦培养大学生哪些核心素养，是我们从教育大国向教育强国迈进征程中一个重要指标，是每一位教育工作者必须思考的问题。从我国高等教育发展情况来看，近几十年，随着全国大规模高校扩招，我国高等教育已经实现了由"精英化"向"大众化"的历史性跨越，但由于起步晚、底子薄、进程快，特别是近几年本科生、研究生招生规模持续扩大，社会对高等教育人才培养质量产生了一些疑惑。一些问题经常受到社会和新闻媒体的关注，例如大学生的"生活方式欠佳""失去学习能力""手机依赖症""创新创业能力不足"，甚至在大学毕业生群体中出现了"啃老族""毕业即失业""躺平""月光族"等现象。表面上看，这些问题是由大学生自身能力不足所导致的，但其根源在于我国高等教育出现了一些问题，比如，大学课程设置、培养目标与社会发展、用人单位需求不匹配，高等教育人才培养质量和社会服务能力与经济社会发展和人民期待存在明显差距，导致大学生在就业时面临适应范围狭窄、错失宝贵就业机会等情况。这些问题和现象值得思考且需要解决，核心素养正是基于时代和社会发展需求而提出的概念。因此，在 21 世纪机遇与挑战并存的大时代背景下，高等教育作为向国家和社会输送人才的重要基地，其培养目标不能仅仅局限于向学生传授专业知识，还应承担起培养大学生核心素养的关键任务，培养学生具备与时代需求和国家事业发展相适应的素质和能力，引导大学生的情感态度和价值观朝着积极正面的方向发展，让青年学生更好地融入未来社会，能够健康发展、幸福生活，是我国从教育大国向教育强国，从人力资源大国向人力资源强国迈进过程中亟须思考和解决的问题。

从我国现有的研究情况来看，学者对中学生核心素养的研究成果较多，而对大学生核心素养及其培育研究却显得相对薄弱。实际上，核心素养的培育是一项渐进、长期的教育工作，需要初级、中等和高等教育共同发力，步步推进，大学教育阶段继续强调核心素养是必要且迫切的，这也是本书撰写的初衷。

我们有理由相信，在知识经济迅猛发展、科技进步日新月异的新的时代格局中，具备核心素养的青年大学生个人发展潜力更大，更具竞争力，能够更好地适应社会的需求和变化，同时，将更加深刻地理解自己肩负的历史使命，具备更强的责任感和奉献精神，有能力为国家和社会发展作出更大的贡献。

目 录 CONTENTS

第四章

法治素养：核心素养的必备　　　　　　088

第五章

文化素养：核心素养的支柱　　　　　　112

第六章
生态素养：核心素养的完善   *132*

第一章

概述：新时代与核心素养

当今世界正经历百年未有之大变局，中国正处于实现中华民族伟大复兴关键时期。习近平总书记在中国共产党第十九次全国代表大会（以下简称"十九大"）的报告中指出："经过长期努力，中国特色社会主义进入了新时代，这是我国发展新的历史方位。"[①] 十九大报告对我国所处历史方位作出的这一重大政治判断，是党的十九大最突出的标志性贡献，这一贡献影响着中国和世界，对中华民族发展乃至整个人类历史的发展将具有重要意义。

"新时代"新在何处，何时进入新时代，何以能称之为"新时代"，新时代与马克思主义时代是何种关系，新时代是否让我们跨越社会主义初级阶段进入更高的发展阶段，新时代承载的历史使命又是什么，这些是我们全面准确理解新时代的基本问题，也是本章探讨的重点问题。

第一节　全面准确理解"新时代"

中国特色社会主义是加快推进社会主义现代化，全面建设社会主义现

---

① 习近平. 决胜全面建成小康社会 夺取新时代中国特色社会主义伟大胜利——在中国共产党第十九次全国代表大会上的报告［M］. 北京：人民出版社，2017：10.

代化强国的必由之路。"中国特色社会主义进入新时代"这一重大政治判断是对马克思主义时代观的赓续和发扬,是马克思主义中国化的又一重大理论创新成果。新时代的提出不仅彰显了以习近平同志为核心的党中央立足时代之基、紧跟时代步伐、直面时代课题的时代自信,也体现了中国共产党人深刻把握时代脉搏和发展形势的能力与胆识。深刻理解和认识新时代是理论和实践的迫切需要,是不断推进中国特色社会主义伟大事业向前发展的重要前提。

一、认识和读懂"新时代"

改革开放以后我们党曾经使用"新阶段""新时期""新的历史起点""新形势""新的发展阶段"等表述表达社会发展之变化,这些表述与党的十九大报告提出的"新时代"既有相同之处,也有本质上的区别。深刻分析新时代的性质、历史起点、进入依据是认识新时代以及区别新时代与其他时代差异的重要前提。

(一)把准"新时代"的性质

"新时代"是对马克思主义时代观的科学性继承与创新性发展,是马克思主义中国化时代化的又一重大理论成果,因此,首先需要从马克思主义时代观的大视野中研究和把握"新时代"的性质,进而弄清楚新时代与马克思主义时代观两者之间的内在逻辑。

习近平总书记指出:"尽管我们所处的时代同马克思所处的时代相比发生了巨大而深刻的变化,但从世界社会主义500年的大视野来看,我们依然处在马克思主义所指明的历史时代。"① 总书记的这句话为我们厘清了"新时代"与马克思主义的"历史时代"之间的关系,"新时代"仍然属

---

① 习近平. 习近平谈治国理政(第二卷)[M]. 北京:外文出版社,2017:66.

于马克思主义所指明的社会主义时代范畴，仍然处于社会主义自我完善和发展的大制度时代。

此外，"新时代"是在科学把握世情、国情和党情，正确判断时代嬗变的基础上，对我国社会主义历史进程作出的时代分析，总书记指出："这个新时代是中国特色社会主义新时代，而不是别的什么新时代"[①]。总书记的这句话意味深长，既表明了新时代是中国特色社会主义的新时代，又表明了新时代不同于大制度时代、科技时代等其他时代。

（二）明确"新时代"的历史起点

"新时代"是在坚持历史发展连续性与阶段性相统一，正确判断时代嬗变的基础上提出来的，是我国历史发展进程中的一个崭新的、重要的发展阶段。2012年党的十八大的胜利召开是新时代的历史起点，以习近平同志为核心的新一届党中央领导集体的形成开启了新时代的新篇章。对此，我们可以从十九届六中全会通过的《中共中央关于党的百年奋斗重大成就和历史经验的决议》（以下简称《决议》）中找到理论依据。《决议》明确指出，"党的十八大以来，中国特色社会主义进入新时代。"[②]此外，在2022年7月召开的省部级主要领导干部专题研讨班上，习近平总书记进一步明确了党的十八大是新时代的历史起点。

可以说，党的十八大是继党的十一届三中全会之后历史发展过程中又一个重大的转折点，党的十八大成功地开启了新时代的新篇章，在以习近平同志为核心的新一届党中央领导集体的领导下，亿万中华儿女阔步前行，迈向了历史新征程。

[①] 习近平在学习贯彻党的十九大精神研讨班上发表重要讲话强调：以时不我待只争朝夕的精神投入工作开创新时代中国特色社会主义事业新局面［N］.人民日报，2018-01-06（1）.

[②] 本书编写组.中国共产党第十九届中央委员会第六次全体会议文件汇编［M］.北京：人民出版社，2021：45.

（三）掌握进入"新时代"的依据

"新时代"不是历史意义上简单的时代断代的概念，"中国特色社会主义进入新时代"也不是人为的主观臆断，十九大报告提出的这一重大政治判断是从党和国家事业发展角度作出的客观判断，具有厚重而坚实的历史依据。何以能称之为"新时代"，要在我国社会发展的现实基础上寻找依据：

1. 新时代源于新成就。任何的成功都是努力奋斗而来的，新时代是"经过长期的努力"换来的，必然有重大的、非凡的发展成就为基础。改革开放以来，尤其是党的十八大以来，我国无论是在经济建设、思想文化建设、民主法治建设、生态文明建设，还是在经济总量，国防实力，科技创新与成果转化能力，全面建成小康社会，继续扩大改革开放，乃至在人民物质生活、精神生活、居住环境等方方面面取得了非凡成就，这些非凡成就被党的十九大概括为"历史性成就"，构成了中国特色社会主义进入新时代的基础。

这些历史性成就的取得使得我国无论是综合国力还是国际影响力，无论是人民群众的生活品质还是幸福感和获得感显著提升，让中华民族实现了从"站起来"到"富起来"再到"强起来"的伟大飞跃，让人民生活实现了从"温饱"到"小康"的伟大飞跃。这一系列的历史性成就把中国特色社会主义推向了新的境界、新的高度、新的起点，推向了新的时代。

2. 新时代基于新变革。党的十八大以来，以习近平同志为核心的党中央站在党和国家事业发展全局的高度，提出了一系列治国理政新思想和新理念，推出一系列重大举措和重大方针政策，从而推动着诸如经济发展观念和模式、社会思想舆论环境、生态环境保护等领域和方面的改革，这些具体的变革汇聚成了历史性变革，开创了党和国家事业的新局面，改变了从党到国家、人民乃至中华民族的面貌。因此，党的十九大报告用"全方位""开创性""深层次""根本性"科学、客观地总结和概括了十八大以来的党和国家事业发生的变革，这些变革是中国特色社会主义进入新时代的直接性的标志。

3. 新时代归于新矛盾。社会主要矛盾不是一成不变的，而是随着社会发展水平、经济发展水平、政治发展模式的变化动态变化和发展的。从1956年到2017年，我国社会主要矛盾发生了三次"质"的变化，这三次质变推动着党的事业不断向前发展和进步，使我国从"站起来的时代"进入"富起来的时代"，继而迈向"强起来的时代"，因此社会主义矛盾是导致时代发生变化的根源，理解新时代需要从社会主要矛盾这一根本原因入手。

从1981年党的十一届六中全会到2017年党的十九大，我国在政治领域、经济领域、思想文化领域、生态文明领域等方方面面发生了翻天覆地的变化，所以无论是社会生产还是人民需要也随之而改变，显然，党的十一届六中全会提出来的社会主要矛盾的表述已经不符合新时代我国的国情和实际，由此党的十九大报告明确指出："我国社会主要矛盾已经转化为人民日益增长的美好生活需要和不平衡不充分的发展之间的矛盾。"① 主要矛盾的变化是进入新时代的主要依据。

二、新时代的科学内涵

党的十九大报告从中国特色社会主义、国家发展、人民生活、民族复兴、世界影响五个方面勾绘了新时代的基本轮廓，报告中的"五个是"不仅深刻阐释了新时代的时代价值和时代意义，而且精辟概括了新时代的战略目标、历史使命和国际视野和价值追求。

---

① 习近平.决胜全面建成小康社会 夺取新时代中国特色社会主义伟大胜利——在中国共产党第十九次全国代表大会上的报告 [M].北京：人民出版社，2017：11.

（一）新时代的奋斗目标：建设社会主义现代化强国

新时代是强起来的时代，"强"是新时代的关键词。党的十九大郑重宣告到 21 世纪中叶我国实现社会主义现代化强国目标，这是我们党在新的发展阶段提出的奋斗目标，是我们党站在新的历史起点上就未来三十年国家发展擘画的宏伟蓝图。

强起来不可能一蹴而就，需要一步步地努力和奋斗，如何唱响强起来的主旋律，党的十九大报告制定了详细的时间表和路线图，作出了分两步走的具体的安排："第一个阶段，从二〇二〇年到二〇三五年，在全面建成小康社会的基础上，再奋斗十五年，基本实现社会主义现代化"，"第二个阶段，从二〇三五年到本世纪中叶，在基本实现现代化的基础上，再奋斗十五年，把我国建成富强民主文明和谐美丽的社会主义现代化强国"。[①]同时，十九大报告还从科技、网络、文化、教育、人才等 12 个方面提出了具体的强国目标和要求，二十大报告更加明确了"两步走"的战略安排。除此之外，为了实现强国目标，从 2015 年到 2020 年，习近平总书记带领全国各族人民开展脱贫攻坚、精准扶贫，帮助贫困县、贫困村、9899 万贫困人民实现了从贫穷落后到全面小康的历史性飞跃，为实现第二个百年奋斗目标打下了坚实的物质基础。

（二）新时代的历史使命：实现中华民族伟大复兴

只有创造过辉煌的民族，才懂得复兴的意义，只有经历过苦难的民族，才对复兴有如此深切的渴望。中华民族伟大复兴中国梦的提出，一方面源于中华民族是曾经创造过辉煌的民族。几千年从未间断的中华文明为中华民族再次复兴注入了强大的精神动力；另一方面，中华民族又是历经过磨

---

① 习近平. 决胜全面建成小康社会 夺取新时代中国特色社会主义伟大胜利——在中国共产党第十九次全国代表大会上的报告［M］. 北京：人民出版社，2017：27.

难的民族，是在任人宰割、饱受欺凌、贫穷落后、民不聊生中一路披荆斩棘慢慢摸索而最终实现站起来、富起来乃至强起来的民族，历经了"由不断衰落到根本扭转命运、持续走向繁荣的伟大飞跃"。[①]

"为中国人民谋幸福、为中华民族谋复兴"是中国共产党从 1921 年成立就立下的铿锵誓言，至今历经百年风华，但中国共产党和中国人民也从未忘记、从未放弃这份初心和誓言。进入新时代，以习近平同志为核心的党中央接过了这个伟大而又神圣的"接力棒"，带领全国人民取得了一个又一个伟大的成就，创造了一个又一个惊人的奇迹，为实现中华民族伟大复兴奠定了坚实的基础。党的二十大报告中，总书记再次号召全国人民"为全面推进中华民族伟大复兴而团结奋斗"。因此，新时代，就是亿万中华儿女勠力同心、砥砺奋进、笃力前行，为实现中华民族伟大复兴伟大梦想而不懈奋斗的时代，新时代的历史使命是实现中华民族伟大复兴。

（三）新时代的国际视野：日益走近世界舞台中央

1949 年，中华民族开辟了历史新纪元，拉开了奋斗和腾飞的帷幕，70 多年来在中国共产党的领导下，中华民族沧桑巨变，发生了翻天覆地的变化，实现了从"落后时代"到"赶上时代"再到"引领时代"的伟大飞跃，创造了"当今世界殊"的惊人奇迹。从 G20 杭州峰会、"一带一路"高峰论坛、亚太经合组织会议、金砖国家峰会等一系列国际大型会议的召开，到推动构建人类命运共同体、推动构建新型国际关系，不仅绽放了中国开放与发展的魅力，也彰显了中国的国际感召力和影响力。作为中华儿女，我们可以自信而自豪地说，今天的中国已经从世界体系边缘日益走近世界舞台中央，成为国际舞台上备受瞩目的主角，成为推动世界和平发展的参与者、建设者和引领者。

---

① 习近平. 在庆祝中国共产党成立95周年大会上的讲话［M］. 北京：人民出版社，2016：3.

同时，中国共产党是一个与时代共命运、与世界心连心，饱含深厚人民情怀的政党，是一个在发展自己、为中国人民造福的同时，又愿意为全人类做贡献、为世界各国人民造福的政党，中国共产党历来以为人民谋幸福、为民族谋复兴、为世界作贡献为己任。中国作为一个有担当、负责任的世界大国，为人类做贡献是我国一直以来的伟大抱负，中国特色社会主义新时代，中国仍将继续高举合作与共赢的旗帜，推动建设相互尊重、合作共赢的新型国际关系，也必然会在实现自身强大的同时，又为人类文明进步作出更卓越的理论贡献、制度贡献、科技贡献。

因此，我们可以肯定而自信地说，新时代是中华民族日益走近世界舞台中央、不断为人类作出更大贡献的时代，是中国在发展好自己的同时，又为人类维护世界和平做贡献、为推动共同发展做贡献、为世界文明交流互鉴做贡献的时代。

（四）新时代的价值追求：人民共同富裕

党的二十大报告提出了"中国式现代化"这一概念，并强调"中国式现代化是全体人民共同富裕的现代化"。显然，一部分人的富裕或者少数人的富裕不是中国式现代化，中国式现代化追求的是全体人民共同富裕。

党的十八大以来，以习近平同志为核心的党中央把全体人民共同富裕作为党的奋斗目标，摆在极其重要的位置。在中共十九大开幕会上，习近平总书记掷地有声地向全世界宣告："人民对美好生活的向往，就是我们的奋斗目标。"[1] 并明确提出，2050 年全体人民共同富裕基本实现。为此，党中央带领全国各族人民决战决胜脱贫攻坚，解决贫困地区民生难题，推动区域协调发展，为实现共同富裕奠定了坚实的物质基础。

总之，新时代正在实现由"让一部分人和地区先富起来"转向"必须

---

① 习近平.决胜全面建成小康社会，夺取新时代中国特色社会主义伟大胜利——在中国共产
党第十九次全国代表大会上的报告[M].北京：人民出版社，2017：1.

促进全体人民共同富裕摆在更加重要的位置"。① 新时代的奋斗目标是从全面小康向共同富裕迈进，满足人民对高度的物质文明、精神文明的追求，解决城乡、区域、行业、体制内外等凸显出来的发展不平衡和不充分问题，最终实现全体人民共同富裕。正如习近平总书记强调："我们追求的发展是造福人民的发展，我们追求的富裕是全体人民共同富裕。"② 新时代是由全面小康向共同富裕迈进的时代，确保全体人民逐步实现共同富裕是新时代中国发展坚持的基本原则，也是新时代的价值追求。

三、新时代的"变"与"不变"

新时代是在"变"与"不变"中谋发展的时代。时代变了，我国的基本国情没有变，时代变了，中国共产党人的初心和使命没有变。

（一）时代变了，基本国情没有变

十八大以来，我国无论在经济发展、政治运作、价值观念、人民生活，还是在发展模式、国际环境上都发生了深刻的变化，中国特色社会主义就是在内外部条件的变化下走进了新时代。

但是，时代变了，我国的基本国情没有变。一方面，从大的历史时代来看，当今中国仍然处于改革开放以来甚至是中华人民共和国成立以来的同一个大的历史时代；另一方面，新时代仍是社会主义初级阶段范畴内的新时代，不能脱离社会主义初级阶段定位新时代，新时代属于社会主义初级阶段的新发展阶段。对此，我们可以从两个方面进行解读：首先，社会主义初级阶段是 20 世纪 80 年代邓小平对改革开放后我国所处历史方位的

① 全国脱贫攻坚总结表彰大会在京隆重举行［N］.人民日报，2021-02-26.
② 中共中央宣传部.习近平新时代中国特色社会主义思想三十讲［M］.北京：学习出版社，2018：90.

判断，社会主义初级阶段的显著特征是生产力和商品经济的"不发达"。经过改革开放 40 多年的发展，中国特色社会主义已经发展到了一个新的高度和新的境界，新时代虽然我国在经济发展、科技创新、国防实力、人民生活、国际地位等方面取得了历史性成就，发生了广泛而深刻的变化，但未能改变不发达的状态，比如我国人均 GDP 仍与发达资本主义国家差距大，产业结构不合理、经济效益不高、创新能力不强以及发展不平衡不充分等问题仍然突出，这些是我国处于社会主义初级阶段的核心依据；其次，社会主义初级阶段始于 20 世纪 50 年代中期，按照邓小平的说法，将会一直延续到 21 世纪中叶。在这个以百年计的历史过程中，必然会经历若干具体的发展阶段，新时代就是其中的一个发展阶段。

因此，新时代与社会主义初级阶段之间是小阶段与大阶段、部分与整体的关系。新时代是变与不变的辩证统一，变的是时代坐标、历史方位，不变的基本国情，新时代的不变深刻说明了实现社会主义现代化强国的目标还有很多路要走，在前进的道路上我们仍将会面临很多挫折和挑战。

（二）时代变了，中国共产党的初心使命没有变

中国共产党是一个有着强烈的人民情怀，始终坚守人民至上，为了人民不懈奋斗的无产阶级政党，从 1921 年成立就把为人民谋幸福、为民族谋复兴作为自己的初心和使命，激励一代又一代中国共产党人英勇奋斗、砥砺前行。为了初心和使命，中国共产党领导中国人民推翻了"三座大山"，建立了人民当家作主的中华人民共和国，并先后取得了社会主义革命和建设的伟大胜利，取得了改革开放和社会主义现代化建设的伟大胜利，取得新时代中国特色社会主义的伟大胜利，中国特色社会主义进入新时代。

一百多年的奋斗历程中，中国共产党人从未忘记自己的初心使命，也从未放弃实现中华民族伟大复兴这个神圣的梦想，一代又一代中国人在中国共产党的坚强领导下不忘初心、牢记使命，创造了一个又一个人间奇迹。

在党的十九大报告和二十大报告中，习近平总书记一次又一次号召全党继续朝着实现中华民族伟大复兴的宏伟目标奋勇前进。中国共产党百年的初心使命不会因为中国特色社会主义进入新时代而改变。

第二节　新时代呼唤担当民族复兴大任的时代新人

每个人都是"现代的产物"，每一个时代都会给予这个时代的人符合时代发展的期待和要求。在党的十九大报告中，习近平总书记首次提出"时代新人"这一概念，并随后多次在重要会议上作出一系列关于时代新人的重要论述。深入研究和科学把握新时代提出的育人目标，对新时代我国教育事业发展、人才培养工作和思想政治教育工作发展具有深远意义。

一、"时代新人"概念的提出及主体定位

（一）"时代新人"概念的提出

"时代新人"这一概念出自党的十九大报告的第七部分：坚定文化自信，推动社会主义文化繁荣兴盛，在第七部分谈到"培育和践行社会主义核心价值观"问题时总书记明确提出了"时代新人"的概念和"担当民族复兴大任的时代新人"的表述，要求"以培养担当民族复兴大任的时代新人为着眼点，强化社会主义核心价值观教育引导"。

习近平总书记提出的"时代新人"概念意义重大，"时代新人"作为新时代党和国家的育人目标，不仅对全社会育人工作、高等教育人才培养工作、高校思想政治教育工作具有重大的指导意义，而且为全社会如何在新的发展阶段开展社会主义核心价值观工作提供了遵循和有益指导。

（二）历代中国共产党人"社会主义新人"培育思想

中国共产党历来重视新人教育和培养工作，始终把培养时代新人作为党的中心工作，并能够立足于时代的变化和社会经济的发展，进一步丰富、完善时代新人的内涵和要求，由此，以毛泽东、邓小平、江泽民和胡锦涛、习近平为代表的历代领导人在带领中国人民进行革命、建设和改革的历史进程中逐步探索出了关于"社会主义新人"培育思想。

在社会主义革命和建设时期，毛泽东对社会主义新人提出了基本道德规范标准，即爱祖国、爱人民、爱劳动、爱科学、爱护公共财物；在中共八届三中全会上又进一步提出要培养德智体全面发展的"又红又专"的社会主义新人思想。"红"指的是政治素质，要求社会主义新人要有高度的政治觉悟，坚定政治方向，拥护共产党领导，有坚定走社会主义道路的信心和决心；"专"指的是专业素质，要求社会主义新人要积极学习文化知识，具备精通熟练的专业知识和技能，拥有能够为社会、为人民做贡献的本领。培养"又红又专"的社会主义新人就是培养既有高度政治觉悟又有精通的专业技能，融政治性与专业性于一体的无产阶级革命新人。

在社会主义现代化建设时期，邓小平结合改革开放基本国情以及实现"四个现代化"战略目标，在毛泽东培养德智体全面发展的社会主义新人的基础上，提出了培育有理想、有道德、有文化、有纪律"四有"新人思想，要求"四有"新人既要具有共产主义远大理想，又要树立高尚的道德情操，既要具备深厚的科学文化功底，又要遵守党纪国法，因此，需要对"四有"新人进行理想信念教育、思想道德教育、科学文化教育和党纪国法教育。

20世纪90年代，江泽民结合社会发展需求和个人发展实际，提出了"造就有理想、有道德、有文化、有纪律的，德育、智育、体育、美育等全面发展的社会主义事业建设者和接班人"①。显然，江泽民培养的是德、智、体、美综合发展的社会主义新人。

21世纪，胡锦涛立足于培养社会主义事业优秀建设者和可靠接班人的高度，在"四有"新人基础上，提出了"四个新一代"思想，鼓励广大青年要成为"理想远大、信念坚定的新一代，品德崇高、意志顽强的新一代，视野开阔、知识丰富的新一代，开拓进取、艰苦创业的新一代"②。

党的十八大以来，习近平总书记在五四青年节、高校师生座谈会、全国教育大会等多个场合对青年成长成才和培育工作作部署、提要求、明方向。"时代新人"是习近平总书记站在新的历史起点上，站在"两个一百年"奋斗目标历史交汇期，立足于党和国家事业发展战略全局提出来的重要论述，"时代新人"不仅是新时代的深切呼唤，也是实现中华民族伟大复兴，建设社会主义现代化强国的迫切需求。

（三）时代新人的主体定位

"时代新人"概念提出后就立即引起了教育界、学术界的高度关注。在教育界，"时代新人"一词很快出现到了2018年新修订的思想政治理论课各门教材中及相关文件中。学术界一时从"时代新人"概念的提出意义、主体构成、科学内涵、培育路径等方面展开了全方位的研究。

在时代新人主体界定问题上，大部分学者将研究范围限定在青年人群体上，认为时代新人指向的就是青年人。如龚鉴瑛指出，时代新人的主体不是所有人，而是价值观、人生观尚在形成中的青少年。③也有学者直接将时代新人等同于青年群体。如张晓京指出，培养担当民族复兴大任的时

---

① 中共中央文献研究室. 十五大以来重要文献选编（下）[M]. 北京：中央文献出版社，2011：56.

② 胡锦涛向中国青年群英会致信[N]. 人民日报，2007-05-05（1）.

③ 龚鉴瑛. 时代新人及其培养：主体、主要内涵及培养着力点——基于道德荣誉感的视角[J]. 探索，2018（06）：163-169.

代新人是党和国家对青年学生成长的关注、关心。[①] 还有部分学者认为中华民族伟大复兴中国梦的实现，社会主义现代化强国的实现需要每一个中华儿女共同努力奋斗，因此，应当引领绝大多数人民成为时代新人。如蔡臻臻、谢文山认为，时代新人指全体公民。[②]

总的来说，学术界把时代新人的主体构成分为广义和狭义两类。从广义上看，时代新人包含了青少年、教师、工人、农民等若干群体。其中，青少年群体是时代新人的核心；教师群体由于肩负着培养青少年成长成才的重任，因此是时代新人的重要力量和关键组成部分；工人和农民是建设社会主义的主体力量，是时代新人的基本组成部分。从狭义上来看，由于青年时期是个人树立崇高理想，追求远大梦想的关键时期，是最具发展动力和发展潜力的黄金时期，其人生黄金期与"两个一百年"奋斗目标进行完全吻合，因此，时代新人特指具有巨大发展潜力的青年。正如习近平总书记曾指出，在中华民族复兴的每个关键时期，勇敢走在时代前列的都是青年，并把青年比作"标志时代最灵敏的晴雨表"。本书对时代新人的主体范畴采用狭义意义上界定，认为时代新人特指青年群体。

二、时代新人蕴含的科学内涵

对时代新人蕴含的科学内涵进行界定是必要的，既可以明确具备何种品质才能够称之为时代新人，又可以比较现实生活中的青年群体与时代新人之间的差距。学术界关于时代新人蕴含的科学内涵没有达成统一的共识标准，学者们从不同的纬度进行了不同的阐释。要清晰时代新人的内涵，就必须把党的十九大报告以及习近平总书记深入青年群体发表的重要讲

---

① 张晓京. 培养担当民族复兴大任的时代新人 [J]. 中国高等教育，2019 (15)：67-69.

② 蔡臻臻，谢文山. 习近平时代新人观研究——改革开放以来中国共产党时代新人观的逻辑演进 [J]. 广东省社会主义学院学报，2019 (01)：30-35.

话、作出重要批示指示结合起来进行研究。

（一）时代新人要担当民族复兴大任

"时代新人"这一概念提出之后，习近平总书记又对如何培育"担当民族复兴大任新时代新人"这一重大育人战略目标做了部署，并面向全党、全社会、全国高校以及全体思政课教师提出了育人要求，强调"要把培养担当民族复兴大任的时代新人作为重要职责"。^① 显然，党的十九大报告在提出时代新人这一概念时就给予了他光荣的历史使命——"担当民族复兴大任"。因此，担当民族复兴大任是对时代新人内涵最直接、最贴切的界定，两者是紧密相连、不可分割的关系，只有担当民族复兴大任才能称作"时代新人"，时代新人必须肩负时代使命。

2012 年以来，习近平总书记在五四青年节、教师节多次走进青年群体，站在实现中华民族伟大复兴中国梦的战略高度，与莘莘学子共话追梦与圆梦，理想与奉献，也多次通过座谈、回信、发表重要讲话、作出重要批示指示等形式，寄语新时代青年，对新时代青年争做时代新人、担当复兴大任充满了热切期待。总书记多次强调："实现中华民族伟大复兴的中国梦，需要一代又一代有志青年接续奋斗。"2019 年 3 月，总书记面向全国思想政治理论课教师再次强调："努力培养担当民族复兴大任的时代新人"^②。在纪念五四运动 100 周年大会上，总书记面向青年群体发出时代号召："实现中华民族伟大复兴，是一场接力跑。我们有决心为青年跑出一个好成绩，也期待现在的青年一代将来跑出更好的成绩。"

不同的时代，却有着同样的使命和责任。在中国革命、建设和改革时

---

① 习近平.用新时代中国特色社会主义思想铸魂育人，贯彻党的教育方针落实立德树人根本任务［N］.人民日报，2019-03-19.

② 习近平.用新时代中国特色社会主义思想铸魂育人 贯彻党的教育方针落实立德树人根本任务［N］.人民日报，2019-03-19（01）.

期，涌现出了一批又一批担当民族复兴大任的革命者、建设者和改革者。在距离实现中华民族伟大复兴目标最近的新时代，时代新人不仅是实现中华民族伟大复兴的参与者、见证者，更是奋斗者，担当者。

（二）时代新人要有理想、有本领、有担当

把时代新人与"有理想、有本领、有担当"联系起来是有理有据的，不仅是因为两者都出现在党的十九大报告中，实际上，党的十八大以来习近平总书记在不同场合多次提出相似表述。2013 年的五四青年节，总书记面向各界优秀青年代表强调："青年一代有理想、有担当，国家就有前途，民族就有希望。"[①]2015 年 10 月 26 日，总书记在联合国教科文组织第九届青年论坛开幕式上表示："全球青年有理想、有担当，人类就有希望，推进人类和平与发展的崇高事业就有源源不断的强大力量。"[②] 2017 年 8 月 15 日，总书记在给第三届中国"互联网＋"大学生创新创业大赛大学生回信中提出："祖国的青年一代有理想、有追求、有担当，实现中华民族伟大复兴就有源源不断的青春力量。"[③] 党的十九大报告再一次强调："青年一代有理想、有本领、有担当，国家就有前途，民族就有希望。"[④]

有理想、有本领、有担当是对时代新人的基本要求。总书记把理想信念形象地比喻为"精神之钙"，认为缺乏"精神之钙"人就会得"软骨病"，就会导致政治定力不足，政治立场不坚定。理想是一种美好的、积极的价

---

① 习近平在同各界优秀青年代表座谈时的讲话（2013年5月4日，上午）[N].人民日报，2013-05-05（2）.

② 习近平.习近平在联合国教科文组织第九届青年论坛开幕式上的贺词[N].人民日报，2015-10-27（001）.

③ 习近平回信勉励第三届中国"互联网＋"大学生创新创业大赛"青年红色筑梦之旅"的大学生：扎根中国大地了解国情民情用青春书写无愧于时代无愧于历史的华彩篇章[N].人民日报，2017-08-16.

④ 习近平.决胜全面建成小康社会 夺取新时代中国特色社会主义伟大胜利——在中国共产党第十九次全国代表大会上的报告[M].北京：人民出版社，2017：70.

值导向，是对不断充实自我、完善自我的追求，是青年能够成为担当民族复兴大任的时代新人的积淀，是时代新人赴汤蹈火不改其志，山高海阔不觉其远的精神支撑。可以说，理想是时代新人经受挑战和考验的精神根基，是引领时代新人成长的指路明灯。面对日趋复杂的意识形态，青年大学生唯有树立崇高而又远大的共产主义理想、中国特色社会主义共同理想和社会主义信念，辩证地看待个人理想与社会理想之间的关系，自觉地把个人理想同国家前途、民族未来紧密地结合在一起，才能在多元、复杂的社会环境下经受住挑战和考验，才能在实现中华民族伟大复兴征程中不迷失方向，不失去自我。

实现中华民族伟大复兴需要"有本领"的时代新人，有本领是时代新人担当时代重任的关键支撑。时代新人要担起民族复兴的大任，就必须有孜孜不倦的求知、求真、求实精神，获取扎实的科学理论知识，并把掌握的理论知识运用到实践中，在社会实践中练就扎实、过硬的本领，最终实现理论与实践、知与行的辩证统一。

愿担当、敢担当、勇担当是一种高尚的道德品格，是个人健康成长、社会发展进步的基础和保障，时代新人只有拥有担当的魄力才能成为值得托付的人，才能堪当民族复兴大任，正如习近平总书记多次强调："有多大担当才能干多大事业，尽多大责任才会有多大成就。"[①]

（三）时代新人要德智体美劳全面发展

2018 年，习近平总书记在北京大学师生座谈会上明确提出："我们的教育要培养德智体美全面发展的社会主义建设者和接班人。"[②] 在 2018 年 9 月全国教育大会上，总书记又一次强调了"培养德智体美劳全面发展的社会主义建设和接班人"的历史任务，并要求新时代教育要在 6 个方面下功

---

① 习近平. 习近平谈治国理政（第二卷）［M］. 北京：外文出版社，2017：145.
② 习近平. 在北京大学师生座谈会上的讲话［N］. 人民日报，2018-05-03.

夫、做文章。2021 年 4 月《中华人民共和国教育法》重新修订，将"培养德智体美劳全面发展的社会主义建设者和接班人"写入其中。可见，时代新人是多种品质素养有机统一，是德智体美劳全面发展的现代复合型人才。

培养德智体美劳全面发展的时代新人既是满足时代要求、适应时代变化之需，也是满足个人发展之需。中国特色社会主义进入新时代，我国社会主要矛盾发生了变化，人们对美好生活的向往和要求更加多元、多样，对时代、国家满足自身发展的期待更多、更高，个人得以全面发展的愿望也日趋强烈。因此，德智体美劳全面发展的综合素质是满足社会主义矛盾变化的需要，也是实现中华民族伟大复兴的保障。个人只有德智体美劳全面发展，才能支撑理想信念的实现和担当精神的弘扬，只有在德智体美劳等方面全面发展、不断进步，才能与时代发展同频共振，才能肩负社会责任，担当民族复兴大任。

综上所述，时代新人最鲜明的特色是"新"，之所以被称为"新人"不仅源自新的历史起点，还在于具有新的品质特征。根据时代新人蕴含的科学内涵，我们可以把时代新人概括为：有理想、有本领、有担当，能够担当中华民族伟大复兴历史重任的德智体美劳全面发展的青年社会主义建设者和接班人。

三、时代新人提出的现实意义

"时代新人"的提出立足于当下，着眼于长远，是在中国特色社会主义进入新时代，意气风发向第二个百年奋斗目标迈进的背景下提出来的，具有鲜明的时代特征，因此它的出场具有深远的理论价值和现实意义。

（一）深刻回答了"培养什么人"这一重要命题

党的十八大以来，以习近平同志为核心的党中央把培养青年成长和发展作为党和国家事业的重点工作来抓。2012年以来，习近平总书记站在实现中华民族伟大复兴中国梦战略高度，围绕"培养什么人、怎样培养人、为谁培养人"这一关乎党和国家事业薪火相传、生生不息、长远发展的重要命题发表了一系列重要讲话。习近平总书记关于时代新人的重要论述就是对"培养什么人、怎么培养人"这一问题的有力回答，在新时代背景下，我们要培养的是担当民族复兴大任的时代新人，培养的是有理想、有本领、有担当的时代新人，培养的是德智体美劳全面发展的社会主义建设者和接班人。

因此，时代新人的提出为"培养什么人、怎样培养人、为谁培养人"这一重要命题作出了全新的解答，这一回答明确了高等教育在新的历史起点的责任和使命，为进一步推动教育事业发展、落实立德树人根本任务指明了方向、阐述了任务、明确了路径，也为高校思想政治教育找准了着力点和突破口。

（二）为新时代开展社会主义核心价值观教育提供了着眼点

习近平总书记把培养时代新人与开展社会主义核心价值观教育紧密联系在一起，强调新时代开展社会主义核心价值观教育要以培养担当民族复兴大任的时代新人为着眼点。

总书记的重要论述为新时代开展社会主义核心价值观教育指明了新的方向，为全社会尤其是教育领域在新的发展阶段开展社会主义核心价值观教育提供了重要的指导和引领，也提出了更高的要求。总书记的讲话意味着新时代教育领域开展社会主义核心价值观教育不能仅仅采用宣传或者宣讲这样单一的方式，而应该把社会主义核心价值观落实到育人层面，要把培育时代新人作为开展社会主义核心价值观教育的出发点和落脚点。时代新人不能仅仅做社会主义核心价值观教育的被动接受者，更要当社会主义核心价值观积极践行者、弘扬者和传播者。

（三）为推动中华民族伟大复兴中国梦的实现提供了智力支持和人才保障

不同的时代，不同的责任，不同的担当。中华民族伟大复兴中国梦的实现是时代赋予我们的光荣使命，是每一个中华儿女的共同向往、共同夙愿。自中国共产党成立以来，一代又一代有志、有为青年在中国共产党的领导下勇担时代重任，在中国革命、建设与改革的道路上顽强拼搏、不懈努力，为民族复兴的伟大接力贡献了青春力量。

中国特色社会主义进入新时代，也意味着中华民族伟大复兴进入关键时刻，不仅需要全体中华儿女万众一心、同舟共济、携手圆梦，共创中华民族复兴伟业，更需要时代新人不负韶华、不负时代、不负青春，勇担重任。正如习近平总书记强调："中华民族伟大复兴的中国梦终将在一代代青年的接力奋斗中变为现实。"[1] 同时，我们也要清晰地认识到中华民族伟大复兴，绝不是轻轻松松，敲锣打鼓就能实现的。[2] 在实现这个光荣使命的征程中，提出时代新人、明确时代新人的时代使命和责任，以及培养时代新人无疑为推动中华民族伟大复兴中国梦的实现提供了智力支持和人才保障。

第三节　聚焦核心素养　培育时代新人

如何把新时代青年大学生培育成能够担当民族复兴大任的时代新人，是一项事关中国特色社会主义长远发展、事关中华民族复兴伟业的新的战略性任务，因此，是新时代国家、社会、高校共同关切和关注的重大命题。

---

① 习近平. 习近平谈治国理政（第三卷）[M]. 北京：外文出版社，2020：54-55.
② 习近平在会见第四届全国道德模范及提名奖获得者的讲话[N]. 人民日报，2013-09-27（1）.

本书以核心素养作为培育时代新人的着力点，通过进一步思考"教育要培养什么样的人"和"怎样培养人"，重点回答如下问题：核心素养的内涵是什么？新时代大学生核心素养是什么？为什么要培育新时代大学生的核心素养？

一、核心素养及其培育的内涵、特征

（一）核心素养相关概念的内涵

1. 核心内涵。"核心"，《现代汉语词典（第 7 版）》解释为"中心，主要部分（就事物之间的关系而言）"，《现代汉语辞海》解释为"事物最要紧的部分，起决定作用的因素"。"核心"一词具有丰富的内涵，具体含义取决于所讨论的领域和语境。科学领域，在科学研究中，"核心"通常指的是问题的关键点、基本原理或核心理论，代表了研究领域中最重要、最基础的部分，是理论或实践工作的核心内容。经济领域，在经济学中，"核心"指的是市场经济中的主要参与者或市场的核心要素。例如，核心经济体通常指的是在全球经济中具有主导地位的国家或地区。教育领域，在教育中，"核心"指教育的核心理念或核心价值观，代表了教育目标的关键要素，例如培养学生的综合素质、创新思维、批判性思维和社会责任感等核心素养。政治领域，在政治中，"核心"指的是权力中心或核心机构，代表了政治体系中最高层的权威和决策中心。文化领域，"核心"指的是某个文化的核心价值观、核心信仰或核心特征，代表了文化体系中最为重要、最具代表性的方面。

总的来说，"核心"一词通常表示某个领域中最重要、最基础、最核心的部分或概念，是事物中最为重要、起着关键作用的那一部分，具有核心性、关键性、基础性，有着必不可少的地位和价值。正如毛泽东在《中国共产党是全中国人民的领导核心》一文中所表述："中国共产党是人民的脊梁骨，没有它的领导就不可能取得社会主义的胜利。"由此，它是支撑和决定其他相关事物的基础要素，具体含义因不同领域和语境而有所不同。

2. 素养的内涵。尽管教育、管理、人力资源、心理等诸多领域都在使用"素养"（competences）一词，但学术界对素养的内涵缺乏一个共性的认识。当前学术界所讨论的素养内涵，更多的是参考国际经济与合作组织（OECD）和欧盟对素养的界定。国际经济与合作组织在"素养的界定与选择：理论和概念的基础"项目中指出：素养不只是知识与技能，它是在特定情境中通过利用和调动心理社会资源（包括技能和态度）以满足复杂需要的能力，素养是源于未来社会的需要，是融知识、技能、态度和价值观为一体的综合品质。[①] 欧盟将"素养"界定为"适用于特定情境的知识、技能和态度的综合"。[②]

《现代汉语词典》对"素养"的解释是"日常的修养"，它包含两层含义：一是由训练和实践而获得的技巧或能力；二是平素的修养，指的是平时通过自身锻炼自觉养成的修养。具体来说，素养在不同领域中有不同的内涵。

教育领域："素养"通常指的是学生综合素质，包括学科知识的掌握以及批判性思维、创新能力、沟通能力、合作能力、问题解决能力。素养培育的目的在于使学生具备适应现代和未来社会所需要的能力和素质，成为一个全面发展的个体。

文化领域："素养"指文化修养和文化品位，包括对文学、艺术、音乐、舞蹈、戏剧等艺术形式的欣赏和理解，以及对传统文化、历史文化的了解和尊重。素养在文化领域中体现的是一个人对美的追求和对文化传承

---

① 崔允漷. 追问"核心素养"[J]. 全球教育展望，2016（5）：3-10.
② 张华. 论核心素养的内涵[J]. 全球教育展望，2016（4）：10-24.

的高度重视。

社会领域："素养"指社会道德素养和公民道德品质，包括对社会公德、职业道德、家庭美德、个人品德的塑造和践行，以及对社会规范和法律规范的尊重和遵守。素养在社会领域中体现了一个人作为社会主体的行为准则和社会责任感。

人文领域："素养"指人文素养和人文关怀，包括对人文学科知识的掌握，对人类文化、价值观、思想和历史的理解和思考，以及对他人的尊重和关怀。素养在人文领域中强调人的全面发展和人际关系的重要性。

尽管国内外学术界对素养的界定没有达成统一，但总体上看，它强调的是一个人在知识、技能、态度、价值观等方面的综合性品质。需要注意的是，尽管在一些场合"素养"与"素质"可以通用，但实际上两者并不是同一个概念，素质具有客观性，而素养更具有主观性。一个人的素养不是与生俱来的，而是在后天的教育、社会实践中逐渐培养起来的技能或者个人发挥主观能动性养成的自身修养。离开后天的学习、教育和实践，人的素养就无法培养或者就达不到一定的高度。

3. 核心素养的内涵。核心素养（key competences）是近几年国内外教育领域研究的热词。在世界处于百年未有之大变局的今天，各个国家纷纷以培养学生核心素养为着力点进行教育改革。在我国，一方面为了顺应教育全球化发展趋势；另一方面源于课程改革和落实立德树人根本任务的迫切需求，教育界尤其是基础教育领域也同样热衷于核心素养的研究。

从学术研究成果来看，国内外对核心素养的研究是多维度、多视角的，呈现"百花齐放、百家齐鸣"之特征。国际经济与合作组织（2005）以成功的生活和健全的社会为着眼点反思未来社会需要什么样的人才，提出核心素养必须满足的三个要件：一是要对社会和个体产生有价值的结果；二是帮助个体在多样化情境中满足重要需要；三是对所有人都是重要的。[①]
欧盟认为：核心素养是对个人态度、技能和知识的指南，可以在实现自我
价值和社会价值的过程中提供精神和理念上的借鉴。在中国，以林崇德
教授为首的专家团队经过长期的研究得出的结论是："核心素养是学生应
该具备的、能够适应终身发展和社会发展需要的必备品格和关键能力。"[②]
因此，在我国基础教育改革过程中，核心素养被界定为"必备品格与关键
能力"。

可见，核心素养不能单纯指向能力、品格或者观念，而应该是这些方
面整合在一起的综合性品质，大多数学者和教育研究者也普遍认同了核心
素养是"综合能力"这一说法，并强调要用整合的视角来理解素养是我们
界定核心素养的关键。

4. 培育的内涵。"培育"主要是指教育者根据特定的教育目标，借助
一定的方式和媒介，对教育对象给予计划性、目的性的影响，并最终实现
教育对象全面发展的教育过程。在大学生群体中，重点从以下几个方面对
大学生进行培育，旨在提高新时代大学生的核心素养和综合素养。

学术能力培育。大学生作为学术领域的学习者和研究者，需要接受系
统的学术能力培育，包括文献收集、阅读和整理的能力，发现与分析问题
的能力，学术研究方法的能力，以及批判性思维和创新能力等方面的培育。
学术能力培育旨在培养大学生具备扎实的学术功底和基本的学术素养，能
够进行独立的学术研究和学术创作。

专业素养培育。大学生在专业领域需要接受专业素养的培育，包括对
专业知识的学习和掌握，专业技能的培养和提升，以及对专业伦理和职业

---

① DeSeCo.The Definition and Selection of Key Competencies: Executive Summary ［EB/OL］.
http://www.oecd.org/dataoecd/47/61/35070367.pdf, 2005-05-27.

② 《中国学生发展核心素养》项目组. 中国学生发展核心素养（征求意见稿）［R］. 2016-1-
29.

道德的培育。专业素养培育是大学生在特定领域中胜任工作，具备专业能力和职业操守的前提和关键。

综合素质培育。大学生的综合素质包括思想道德素质、科学文化素质、身体心理素质、艺术审美素质等。综合素质培育以把大学生塑造成一个对社会有价值的个体和全面发展的个体为价值追求，旨在培养大学生树立正确的价值观，具备高尚的道德品质，拥有较高的科学文化素养和艺术审美素质，以及健康的身心状态。

创新能力培育。培育大学生的创新能力是培养创新型人才，建设创新型国家的重要任务。创新能力包括创造性思维能力、系统性思维能力、团队合作能力和创新实践能力等。大学生创新能力培育能够使其在面对复杂的问题和挑战时，提出创新的解决方案，并在实践中创造新的价值。

社会责任意识培育。大学生作为担当民族复兴大任的时代新人，培养社会责任感和公民意识是迫切而又必需的。社会责任意识包括关注社会问题、积极参与公益活动、社会实践和志愿服务活动等意识。

国际视野培育。大学生作为国家发展、民族振兴的核心力量，在全球化发展的浪潮中培育大学生的国际视野，拓宽大学生的全球意识、跨文化交流能力意义非凡。国际视野的培育包括学习和理解不同文化、国际事务和全球问题，鼓励大学生积极参与国际交流和合作项目等内容。国际视野培育旨在培养大学生具备跨文化沟通和合作的能力，适应全球化的发展趋势。

创业能力培育。新时代为大学生自主创业提供了广阔的发展平台和难能可贵的机遇，因此，社会、高校要注重对大学生创业能力的提升和培育，为大学生提供走出校园、走进社会、自主创业奠定良好的基础。大学生创业能力培育要着重培养大学生的创业意识、商业思维和创新精神，旨在激发大学生的创业潜能，培养其在创新创业领域的核心竞争力。

通过以上内容的培育，不仅有助于培养大学生的创造力、领导力、适应力和终身学习的能力，而且能使他们积极应对快速变化的社会环境和学习环境，最终实现全面发展，为社会的进步作出积极的贡献。

（二）核心素养的特征

通过对核心素养特征的归纳和分析，有助于进一步深化对其内涵的理解和认识。

1. 关键性。核心素养不同于基础素养和综合素养，是跨越基础素养而更高一级的关键素养，是对知识、态度、价值观的综合和超越。[①]核心素养是个人为了自我发展和适应当下与未来社会的复杂情景而必须具备的"必备品格与关键能力"，具有关键性特征。只有具备了适应当代和未来社会发展需要的最关键的能力和品质，大学生才能够应对各种挑战，才能获得更深远的发展。

2. 导向性。所谓导向性指的是核心素养对主体的成长与发展具有根本指引和导向的作用。导向性是核心素养最为重要的特征。国家、社会对于参与者的要求与期待随着经济的发展而不断变化和发展，核心素养的导向性就体现在可以结合时代发展及时有效地指导社会主体进行学习和规范，从而达到自身发展与社会期待、时代需求同频共振。

3. 时代性与发展性。核心素养是基于时代发展和社会发展需求，对社会个体提出的要求和期待，因而，核心素养具有鲜明的时代特征和与时俱进的动态发展特性，其内涵会随着时代的变化而不断变化，随着时代的发展而不断丰富和发展。比如，在21世纪信息化时代，对社会成员核心素养的要求就不同于20世纪工业时代。不同时代有不同的人才观，不同的时代对人才素养的要求存在差异化，因此，在不同时代，个体会衍生出符合当下时代发展的适应性行为表现，这些不断变化的适应性行为表现正是

---

① 褚宏启. 核心素养的概念与本质 [J]. 华东师范大学学报（教育科学版），2016（1）：1-3.

体现了核心素养时代性与发展性。

4. 主体性。核心素养的主体性体现在核心素养的内容要素需要针对不同的主体、主体不同的年龄阶段、主体不同的发展不断地调整，最终达到主体与社会需求的契合和匹配。因此，大学生核心素养就是综合大学生群体的特点与时代发展对大学生的要求而提出的素养体系。

（三）核心素养的框架

国际经济与合作组织在互动地运用工具、与异质群体互动、自主行动[1]三大类核心素养的基础上，将每个核心素养分解成三种能力，每种能力又包含着具体的行为和技能[2]，最终形成了"三类别、九要素"核心素养框架。同样，美国构建了"三大技能"核心素养框架。随着各国纷纷建立自己的核心素养框架，2016 年 9 月，中国学生发展核心素养研究成果发布，提出中国学生发展核心素养以培养"全面发展的人"为核心，并构建了"三方面、六要素与十八个基本要点"框架体系。

（四）立德树人视域下构建新时代大学生核心素养框架

党的十八大以来，以习近平同志为核心的党中央立足于新时代历史坐标，对立德树人进行了深刻系统的理论阐释，反复强调立德树人为教育的根本任务。党的十八大首次把"立德树人作为教育的根本任务"写入报告中，并将"立德树人"的定位置于"全面发展"之上，这是我党的重大政治宣言。十九大报告又进一步指出，要"全面贯彻党的教育方针，落实立

---

[1] DeSeCo.The Definition and Selection of Key Competencies:Executive Summary［EB/OL］. http://www.oecd.org/dataoecd/47/61/35070367.pdf, 2005-05-27.

[2] DeSeCo.The Definition and Selection of Key Competencies:Executive Summary［EB/OL］. http://www.oecd.org/dataoecd/47/61/35070367.pdf, 2005-05-27.

德树人根本任务"①。在 2016 年全国高校思想政治工作会议上,总书记明确提出"高校思想政治工作要坚持把立德树人作为中心环节"。② 在北京大学师生座谈会上,总书记讲道:"人无德不立,育人的根本在于立德。"③

党的十八大以来,党和国家通过明确立德树人作为教育根本任务的地位和作用,通过指明各级各类学校在落实立德树人根本任务中的作用,通过提出落实立德树人的具体措施,通过强调思想政治理论课是落实立德树人根本任务的关键课程等战略部署,把立德树人的地位提到了一个新高度,这不仅是我党的政治宣言,也抓住了教育的本质,明确了教育的根本使命,为高校人才培养指明了政治方向,为高校思想政治教育工作提供了价值取向。

因此,大学生核心素养构成要素的界定也应当遵循落实立德树人根本任务的相关工作原则,建构与新时代相适应的大学生核心素养。大学阶段是大学生世界观、人生观、价值观培养的重要时期,也是核心素养养成的黄金时期。我们围绕新时代大学生的思想、心理及关心的热点难点问题,结合立德树人根本任务以及新时代人才培养目标,着重从政治素养、道德素养、文化素养、法治素养、生态素养和网络素养六项一级目标探讨新时代大学生的核心素养。

二、新时代大学生核心素养体系构建的理论基础

(一)中华优秀传统文化"内圣外王"思想

新时代大学生核心素养在适应时代发展的同时,又受到中华优秀传统

---

① 习近平. 决胜全面建成小康社会 夺取新时代中国特色社会主义伟大胜利——在中国共产党第十九次全国代表大会上的报告 [M]. 北京:人民出版社, 2017: 45.

② 习近平在全国高校思想政治工作会议上强调把思想政治工作贯穿教育教学全过程开创我国高等教育事业发展新局面 [N]. 人民日报, 2016-12-09(01).

③ 习近平. 在北京大学师生座谈会上的讲话 [M]. 北京:人民出版社, 2018: 7.

文化的滋养。中华优秀传统文化源远流长、博大精深，又不乏融会贯通，兼容并包的思想资源，大浪淘沙，千年沉淀，依托独特的中国传统历史，形成了具有中国特色的现代价值和内涵。

中华优秀传统文化中，各种文化流派此起彼伏，儒释道和中外文化相互激荡。儒家文化担负主轴角色，孔子作为儒家学派代表人物，其"内圣外王"思想影响深远。这种思想是古代对核心素养的一种诠释，是新时代大学生核心素养形成的重要传统文化资源，为其提供了直接的理论基础。"内圣"强调从自身出发，让自身的心性修养所达到的一种高度和境界，在知识和能力各方面都有质的飞跃；"外王"强调人的外在表现，尤其是言谈举止达到礼制的要求。"内圣外王"就是仁民爱物、孝亲爱国、重利轻义、诚信自律、礼敬谦和这五个层面的综合提升。"仁民爱物"强调人的道德品质，由己及人，由亲至疏，进而爱护万物；"孝亲爱国"就是要有家国意识，孝顺亲长，忠于国家；"重义轻利"是君子所为，要"喻于义"而非"喻于利"；"诚信自律"强调的是大丈夫要诚实守信、严于律己，要正心、修身，方能齐家、治国、平天下；"礼敬谦和"倡导待人诚恳，谦恭礼让，有礼有节，举止文明。新时代核心素养，在传统的"内圣外王"思想上，取其精华，与时俱进，与新时代社会发展结合，形成了新时代大学生核心素养的重要内涵。

（二）社会主义核心价值观理论

社会主义核心价值观教育与大学生核心素养培育两者不仅有着共同的文化渊源，还有着共同的价值归宿。从文化渊源上看，两者都深深根植于中华优秀传统文化深厚沃土中；从价值归宿上看，无论是社会主义核心价值观教育，还是大学生核心素养教育都体现了对历史主体"人"的关注和关怀，最终目标都是为了实现人全面自由发展。因此，承载着14亿人共同价值追求的社会主义核心价值观既是新时代大学生核心素养的理论来源，更是大学生核心素养培育的基础性保障。高校思想政治教育工作者要积极构建社会主义核心价值观教育与大学生核心素养教育的融合机制，实现两者的有机融入，一方面以社会主义核心价值观作为精神指引和行为指南，通过科学理论知识学习，专业技能的提升，社会实践活动的开展，提升大学生的核心素养；另一方面，要用核心素养规范和约束大学生的行为，从而引导大学生积极践行社会主义核心价值观。

（三）素质教育理论

我国于 20 世纪 80 年代后期正式提出素质教育概念，并将教育改革目标放到素质教育上，90 年代初教育系统开始开展素质教育理论和实践的积极探索；21 世纪将素质教育放在党和国家战略发展的核心位置，并明确指出了我国未来较长一段时间的素质教育目标。素质教育的重点和核心在于"素质"，关注的是人的知识、能力内化于心的涵养，价值在于提升学生专业技能以及健康的人格和修养。素质教育理论为新时代大学生核心素养提供了重要理论支撑，核心素养体现了人对教育本质的深层次思考，是在遵循教育发展规律基础上对我国实施四十余年素质教育的继承、创新和超越。从过去的素质教育到今天核心素养教育是对教育要培养什么样的人的进一步思考和研究。

三、新时代大学生核心素养培育的价值意蕴

新时代培育大学生核心素养具有重要的价值和现实意义，不仅是新时代实现人的现代化的重点指向，是有效应对全球化、信息化社会的关键能力和必备品格，而且是高校落实立德树人根本任务的必然要求。

（一）是新时代实现人的现代化的重点指向

对一个国家来讲，高等教育的重要性是不言而喻的。法国社会学家皮

埃尔·布尔迪厄（一译为布迪厄，PierreBourdieu，1930—2002）非常关注大学教育，认为大学扮演着"文化生产和再生产"的角色，有着"文化资本"的价值。曾任美国斯坦福大学校长的唐纳德·肯尼迪（Donald Kennedy，1931—2020）认为"大学的主要产品是人，然后才是技术，对学生负责是大学的主要使命，也是教师主要的责任"。①

　　大学是人们接受高等教育的重要场所，对大学而言，实现高等教育现代化和人的现代化的前提是提高人才培养质量，提高人才培养质量是实现高等教育现代化和人的现代化的核心任务。在世界局势纷繁复杂，中国又处在"两个一百年"历史交汇关键时期，培育大学生能够适应当今和未来的发展环境、有效应对未来社会一切可能的核心素养是新时代实现人的现代化重点指向，是人类对高等教育培养专门人才的内涵有更深刻和更符合时代发展规律把握的体现。

（二）是有效应对全球化、信息化社会的关键能力和必备品格

　　全球化和信息化是当今社会发展的两大特征和趋势。全球化加速了国与国之间的物质生产与消费，深化了不同文化、不同文明之间的交流与碰撞，甚至可能因文化差异而导致民族矛盾或冲突的产生。同时，以互联网、云计算、大数据、物联网、人工智能为特征的信息技术为依托的信息化社会，深刻改变着教育的生态环境，改变着高校教育方式，改变着大学生的学习方式和获取知识的途径，因而，对人的素养层次提出更高要求。高等教育肩负着培养人才的重任，如何实现知识型人才向素养型人才培养的转变，如何在世界多元文化的浪潮中，在保持并发展本民族文化特色的同时，让各种文明交相辉映、和谐共存，让人人能够享受先进文化滋养已成为新时代高等教育重塑文化传承创新之使命、丰富人才培养之内涵亟待回答的

_____

① ［美］唐纳德·肯尼迪.学术责任［M］.阎凤桥，等译.北京：新华出版社，2002：78.

时代之问。

（三）是高校落实立德树人根本任务的必然要求

党的十八大提出立德树人是教育工作的根本任务，继而明确强调了教育的本质和价值，为教育事业的发展指明了方向。高校要担负起立德树人这一根本任务，其思想政治教育必须指向"培养什么人、怎样培养人、为谁培养人"这一根本问题。核心素养是落实立德树人根本任务的主要路径，在培养学生核心素养的过程中，无论高等教育如何改革、如何发展，立德树人这个主线是永远不变的，教育的对象始终是学生，教育的追求目标始终是促进学生生动、活泼、全面、健康地发展。因此，高等教育应该把立德树人作为学生核心素养培育的出发点和落脚点，力求在多元化的课程体系中构建以素养为导向的教育体系，实现教书与育人，知识传承与立德树人，知识教育和价值观教育的和谐发展，这是新时代立德树人的新路径，也是新时代高等教育的追求目标和发展方向。

结　语

从初入世贸，拿到世界经济体系的"入场券"，到成为世界第二大经济体，一步步迈向世界舞台中央；从科技空白到"祝融"探火、"羲和"逐日、"天和"遨游星辰……我们的国家在无数中华儿女踔厉奋进中迈进了新时代。新时代不仅是实现中华民族伟大复兴的时代，也是日益走向世界舞台中央、引领全球发展的时代，不仅是强起来的时代，也是大有可为、大可作为的美好时代。

每一个时代都有每一个时代的历史使命，每一个时代都有每一个时代的责任和担当。在一次又一次花开花落、云卷云舒中，中华民族复兴之大任接力棒传到了 21 世纪青年大学生的手中，这是时代和民族赋予新人的使命，是一份沉重却无上光荣的责任。面对新时代，当代青年可谓正生逢其时，施展才华的舞台无比广阔，实现梦想的前景无比光明。鲁迅有言："青年所多的是生力，遇见深林，可以辟成平地，遇见旷野，可以栽种树木的，遇见沙漠，可以开掘井泉的。"作为新时代青年，生于美好的华夏、一个和平昌盛的年代、一个经济社会高度发达的时代，有永葆青春与活力的政党引领，有繁荣国家的守护，理应以建设者之姿，奋斗者之姿，不负时代，不负韶华，勇担使命，理应以晨雾之微补益山海，以星星之火照亮祖国伟大复兴之路，为中华民族伟大复兴而承其志、飞其高、任其远。

第二章

政治素养：核心素养的关键

党的十九大报告把"旗帜鲜明地讲政治"提到了前所未有的高度，党的二十大报告对干部政治素质提出了明确要求。新时代大学生承载着祖国的未来和希望，肩负着中华民族复兴伟业的历史重任，推动着时代的进步和国家的发展，是中国特色社会主义政治文明建设的一股年轻力量，更需要具备较高的政治素养。新时代大学生政治素养作为大学生核心素养的关键部分，不仅对其他素养起着规范和制约的作用，并且对我国政治体制向着现代化发展起着重要推动作用。因此，在此背景下，研究新时代大学生政治素养培育问题意义重大。

第一节　新时代大学生政治素养的内涵及其理论基础

大学生是一个正在成长和发展的特殊群体，他们有知识、有梦想、有激情，朝气蓬勃、积极向上、充满活力，是祖国的希望、民族的未来。新时代青年大学生群体对社会思潮和社会现象有敏锐意识，追求民主、自由、平等和权利等现代观念，对责任和担当有较为深刻的认识和理解，比起一般同龄人有更强的责任感和使命感。大学生的责任感和使命感主要体现为：关心国家大事、关注国内外重大时政热点事件；具有鲜明的政治立场和深厚的爱国情怀，热爱祖国、拥护中国共产党的领导，坚定中国特色社会主义道路，坚决维护国家主权和祖国统一；对实现中华民族伟大复兴这一宏伟目标有较强的使命感和责任感；能够清晰地认识到个人成长发展与世情、国情、党情、现实政治环境之间的关系。

一、新时代大学生政治素养的内涵

（一）政治素养的内涵

研究新时代大学生政治素养首先要对政治素养的概念和内涵进行界定，只有清晰掌握了政治素养的内涵，才能结合时代背景对新时代大学生政治素养内涵及其相关内容有深层次的理解和掌握。

政治素养是个人整体素养的重要组成部分，政治素养不同于其他素养，其内涵不仅囊括了素养的基本特征，也体现了政治的根本属性。目前，学术界对政治素养内涵的定义尚未达成一致。不同学科和学者对政治素养的认识和理解存在明显的差异。有学者从政治学领域政治文化的视角界定政治素养的内涵，认为政治素养是学习、传播和发展代表主流政治方向的政治文化的结果。[1] 有学者从教育学角度阐释政治素养的内涵，认为政治素养是指人们参与政治生活所需的知识、价值观、态度和技能。[2] 有学者从社会学社会实践的角度研究政治素养，认为政治素养是政治能力和政治行为的统一。[3] 还有学者从心理学阐释政治素养，认为政治素养是社会成员在政治生活中表现出来的认知、情感、态度、信仰。

---

① 严强，张凤阳，温晋锋.宏观政治学［M］.南京：南京大学出版社，1998：156.
② 魏晓文，李春山.当代中国公民政治素质发展的动力机制和互动规律［J］.思想教育研究，2011（12）：11-14.
③ 金家新，易连云.论政治社会化进程中大学生政治素质培养［J］.思想教育研究，2012（03）：25-28.

本章结合素养的概念、政治的内涵，从思想政治教育视角出发，将政治素养的内涵界定为：主体在长期的社会实践过程中逐渐形成对政治基本理论的掌握，对政治现象所表现出来的政治立场、情感倾向和稳定性、持久性的政治素质，以及在政治实践过程中凸显出来的分析和解决问题的能力等的综合体现。

（二）政治素养与相似概念的区分

政治素养不同于思想政治素养和思想政治素质，三者最大的区别在于"思想"与"政治"，"素养"与"素质"这两组词汇之间的差异。为了避免因为概念混乱而导致研究上偏差，在此有必要这两对概念加以比较和区分。

1. 政治素养与思想政治素养的区别。政治素养不同于思想政治素养，两者的差别在于"思想"和"政治"的不同。"思想"属于认识论的范畴，包含范围比较广泛，主要是指个体对自我、社会和客观世界的一般观点和看法，是世界观、人生观、价值观的总和；"政治"属于实践论的范畴，主要指主体对基本的政治问题、政治关系以及政治运行和发展规律的看法和态度①，属于上层建筑的范畴，往往与国体、整体、国家制度等概念相关。

2. 政治素养与思想政治素质的区别。政治素养不同于思想政治素质，除了上述差别外，"素质"和"素养"也所有区别，两者虽然在一些语境下意义一致，可以相互通用，但是"素质"是一个静态意义上的概念，指的是人原本已经具有的相对较为稳定的综合性品质，而"素养"是一个动态发展的概念，是融知识、态度、能力的品质为一体的整体性概念，具有可教、可学、可塑性强之特征。

---

① 王子刚. 大学生政治价值观的形成发展规律与教育策略［J］. 思想理论教育导刊，2016
（12）：100−103.

（三）政治素养的特征

政治素养是一个抽象的概念，不同于道德素养、法治素养、文化素养、生态素养等其他素养，有其自身鲜明的特征：

1. 指引性。所谓指引就是为个人在发展过程中提供的能够让其不偏离正确轨道的明确目标和走向。政治素养的指引性就是党和国家给予个人在政治素养养成的过程中明确方针路线、正确意识形态和社会舆论等方面的指引。

2. 实践性。良好的政治素养是在实践中形成、发展和完善的。所谓实践性主要指的是政治素养不是我们个人与生俱来的，而是通过后天的不断学习，不断接受知识的熏陶，在具体实践过程中形成的。

3. 主观性。政治素养的主观性主要是指个人政治素养的形成、高低、好坏主要取决于个人自身的修养和心理接受程度，具有主动性和自觉能动性。

4. 可塑性。所谓可塑性指的是个体在某些方面的品质或是能力不是一成不变的，个体的政治素养会自觉或不自觉地，有意或无意地受到学校、家庭、社会周边环境或他人的影响，并随之发生的改变。

5. 时代性。所谓时代性指的是政治素养的内涵和要求会随着时代的变化而发生变化，不同的时代有着不同的政治观念和政治理论。这些同时影响到每一个人政治素养的形成，使政治素养具有强烈的时代性。

（四）新时代大学生政治素养的内涵

新时代大学生政治素养就是将政治素养的主体界定在"新时代大学生"这一特殊群体上，可定义为：新时代大学生在长期的社会实践过程中逐渐形成的对政治基本理论的掌握，对政治现象所表现出来的政治立场、情感倾向和稳定性、持久性的政治素质，以及在政治实践过程中凸显出来的分析和解决问题的能力等的综合体现。新时代大学生政治素养是担当民族复兴大任时代新人的重要素养。

二、新时代大学生政治素养的核心构成

政治素养具有复杂的结构，不同的主体政治素养的构成略显不同。青年大学生作为民族复兴大任的担当者，其政治素养主要由扎实的政治理论知识、坚定的政治立场、强烈的政治认同、深厚的政治情怀和崇高的政治信仰五个方面组成。这五个素养之间是递进的逻辑关系，共同构成了新时代大学生的基本政治素养体系。

（一）扎实的政治理论知识

理论上清醒，政治上才能坚定。扎实的政治理论知识是政治素养的基础，具备扎实的政治理论知识有助于大学生树立正确的理想信念，有助于大学生正确认识国内外局势和国内外重大时政热点事件，有助于解决大学生思想认识上的疑惑和偏差。因此，新时代大学生必须具备扎实的政治理论知识，通过阅读马克思、恩格斯经典著作及经典政治学著作，学习政治学基础知识，弄懂是什么、为什么、怎么做等问题，将马克思主义基本原理的精髓学深悟透，从而不断提升自身的政治理论水平和政治理论素养。

（二）坚定的政治立场

"立场"指的是党和国家的根本性质是什么的问题，解决的是新时代青年大学生的基本认知问题。政治立场越明确、越坚定，政治行动就越坚决、越彻底，政治立场不坚定，往往会导致政治行动失去方向甚至背离起初的政治原则和道路。

何为政治立场？我国的根本法《宪法》明确规定的，中华人民共和国的根本制度社会主义制度，中国特色社会主义最本质的特征是中国共产党领导，这就是国家政治生活中的根本"政治立场"。因此，新时代大学生

政治立场的坚定就是对社会主义制度和中国共产党的领导的坚定。

坚定的政治立场是政治素养的根本，是建设中国特色社会主义伟大事业的大前提。新时代大学生作为推动时代发展的一股年轻力量，只有坚定政治立场才能准确定位国家未来的发展方向，明确"学习是为了谁"价值观的问题，才能真正做到爱党、爱国、爱社会主义、爱人民，才能肩负起担当民族复兴时代重任。

（三）强烈的政治认同

政治认同指的是社会成员在与政治体系互动过程中，对党和国家的根本性质、政治观念、价值观、意识形态在理性层面所产生态度、情感和价值倾向。政治认同是一个多维度的概念，具体体现为个体对政治观念、价值观、政治体系、政治组织、政治领导人或政治运动的认同程度和情感连接。首先，政治认同与个体对于政治观念和价值观的认同相关，包括个体对于民主、平等、自由、正义等政治原则和价值观的认同程度；其次，政治认同与个体对于特定政治体系（如民主制度、社会主义制度等）或政治组织（如政党、政府机构等）的认同相关。个体对于所处的政治体系和政治组织的认同程度会影响其对于政治参与和支持的态度；最后，政治认同也与个体对于特定政治领导人或政治运动的认同相关。个体可能对某位领导人的理念、能力和价值观产生认同，也可能对某个政治运动的目标和价值观产生认同。

总的来说，政治认同是在理性层面对国家存在合法化以及党和国家的根本性质的认可，对党的领导以及中国特色社会主义政治理论、政治发展道路、政治制度的认同。政治认同是建立在对马克思主义科学真理的认识基础之上，以充分了解世情、国情、党情和民情为前提，其中，对中国化时代化的马克思主义为什么行、中国共产党为什么能以及中国特色社会主义为什么好这三个理论问题的理性认识是政治认同的思想基础。政治认同是新时代大学生政治素养体系的关键组成部分，对于社会和政治的稳定性、民主发展和政治效力具有重要影响。

（四）深厚的政治情怀

情怀是对国家、民族、党和人民的情感和爱，由于这种情感是和国家的政治生活联系在一起的，因此称之为"政治情怀"。政治情怀具体指个体对于政治事务和政治问题的情感态度、情感表达和投入程度，它反映了个体对于政治领域的关注、关心和热情，以及对于政治参与的情感认同和动力。政治情怀在本质上是一种包含理想、道德、人格与风尚的文化情怀，是个体在政治领域中表达自己的情感、价值观和认同的过程，它反映了个体对于政治事务的积极态度和情感连接，促使个体在政治参与、社会变革和公共事务中发挥积极的作用。

政治情怀的形成是建立在情感共鸣基础之上的，最终达到对政治立场的情感认同。政治情怀来自对中华民族的情感，爱国主义、家国情怀就是政治情怀的表达。深厚的政治情怀是新时代大学生积极政治现代化进程的精神支撑，新时代大学生只有拥有强烈的爱国主义情怀，才能以天下为己任，与祖国同呼吸、共命运，才能不惜一切为国家前途和民族命运奉献自己的青春和力量。

（五）崇高的政治信仰

政治信仰是人们对某种政治学说和政治制度真诚信服并坚定不移遵循与执行的态度，是政治认同的最高境界，是对国家政治价值观的终极确信。它是建立在对客观世界认识的基础上的一种思想意识，是一种较稳定的个性心理特征。政治信仰通常包括以下几个方面：

1. 政治思想和意识形态的信仰。政治信仰与个体对于特定政治思想和意识形态的信仰相关。例如，个体可能坚信自由主义、社会主义等特定的政治思想，并将其视为指导自己政治行为和决策的基础。

2.政治价值观的信仰。政治信仰涉及个体对于特定政治价值观的信仰，包括对民主、平等、自由、正义等政治价值观的坚守和推崇，以及对于社会公共利益、人权和法治的信念。

3.政治目标和变革的信仰。政治信仰反映了个体对于特定政治目标和社会变革的信仰。个体可能坚信社会变革、政治改革或革命等方式可以实现社会进步和改善，并为此奋斗和努力。

4.政治领导人或政治运动的信仰。政治信仰也与个体对于特定政治领导人或政治运动的信仰相关。个体可能对某位政治领导人的理念、领导能力和政治行动产生信任和追随，或者对某个政治运动的目标和价值观产生信仰和支持。

政治信仰是个体在政治领域中形成的一种信念系统，它塑造了个体对于政治问题的态度、行为和选择。政治信仰对于个体的政治参与、投票决策和政治行为具有重要影响，同时也是社会政治文化和社会凝聚力的重要组成部分。政治信仰是政治素养的核心和关键，有什么样的政治信仰，在很大程度上关乎人生之路的选择与坚定。在当代中国，信仰的对象就是马克思主义、共产主义、中国特色社会主义以及当下习近平新时代中国特色社会主义思想[①]。中国共产党人的政治信仰就是马克思主义，共同理想是实现共产主义。

三、新时代大学生政治素养培育的理论基础

新时代大学生政治素养培育需要科学的理论指导。马克思主义经典作家的相关理论是新时代大学生政治素养培育的重要理论源泉，我国历代领

---

① 秦宣.思想政治理论课教师应树立坚定的政治信仰［J］.思想理论教育导刊，2019（5）：22-23.

导人结合我国实际情况，对马克思主义经典作家相关理论进行创新，产生了中国化时代化的理论成果，这些成果是大学生政治素养培养的重要理论基础，为新时代大学生政治素养培育提供了理论支撑和实践指南。

（一）马克思主义经典作家关于青年政治教育理论

1. 马克思和恩格斯关于青年政治教育重要论述。马克思和恩格斯站在广大的无产阶级和人民群众的立场上，倡导人民群众应积极参与到管理国家政治事务中。《共产党宣言》提出"一切阶级斗争都是政治斗争"[①]的论断，强调无产阶级要通过政治斗争获取政权，要用科学的理论武装全党，通过政治教育提升无产阶级政党的政治觉悟。马克思和恩格斯认为政治教育一是可以给人们提供认识、改造世界的科学方法；二是可以培养人们的政治觉悟和共产主义觉悟；三是可以促进人的全面发展。具体而言，政治教育就是无产阶级政党通过对无产阶级开展革命理想教育实现对工人运动的领导，从而实现共产主义崇高理想。

2. 列宁关于青年政治教育重要论述。列宁继承和发扬了马克思和恩格斯的基本政治观念，并提出要重视政治教育和突出政治教育重要性的观点。列宁非常重视青年群体思想政治教育，不但倡导对工人阶级进行政治教育，提高工人阶级的政治意识，使工人阶级理解为人民大众着想的真正内涵，提高工人阶级的积极主动性，而且倡导对青年群体进行社会主义和共产主义理论教育，使青年群体成长为革命知识分子。在列宁看来，政治教育的方法是灌输，通过灌输方式向工人阶级和青年群体传输政治理念和意识形态，从而达到宣传教育的目的。

（二）中国历代领导人关于青年政治教育理论

1. 毛泽东关于青年政治教育重要论述。中国共产党第一代领导集体核

---

① 许庆朴等.马克思主义原著选读［M］.北京：高等教育出版，1990：9-81.

心毛泽东非常重视农民、知识分子和青年的政治教育，结合我国实际情况创造性地继承和发展了马克思和列宁关于青年政治教育相关理论。毛泽东在1932年就提出政治工作是"红军的生命线"的理论。曾对农村政治宣传给予了肯定，认为农村的政治宣传虽然使用的是一些简单的标语、图画和讲演，且成效明显。中华人民共和国成立后，毛泽东对知识分子、领导干部的政治觉悟和政治立场提出了要求，先后提出过"又红又专""政治和业务对立统一，政治是主要的"[①]、"思想工作和政治工作稍微一放松，经济工作和技术工作就一定会走到邪路"[②]等独到的理论观点。此外，毛泽东认为思想政治教育工作需要共产党、青年团、政府相关部门以及学校的校长和老师共同承担，把政治比作灵魂，鼓励青年除了学习专业知识外，还要坚持学习马克思主义、学习政治知识。

2. 邓小平关于青年政治教育重要论述。邓小平在继承马克思、列宁和毛泽东青年政治教育理论的基础上，结合我国实际形势和现实需要，提出了社会主义"四有新人"政治教育目标，明确提出"要加强和改进新时期的青年思想政治工作"[③]，认为面向学生开展思想政治工作是四化建设伟大实践的需要，具有极其重要的意义，并且提出了开展思想政治工作需要全社会合力协作的观点。40年多后的今天，在迈向建设社会主义现代化强国的新征程上我们急需培养一批具有坚定政治立场，崇高政治信仰的时代新人，因此，"四有新人"培养目标以及邓小平关于青年政治教育的观点和想法为新时代大学生政治素养培养提供了重要的借鉴。

3. 江泽民关于青年政治教育重要论述。江泽民提出了"党的思想政治工作是经济工作和其他一切工作生命线"的重要论断，强调政治理论学习在思想政治教育的重要作用，认为政治理论学习可以使青年坚定政治立场，

① 毛泽东.毛泽东选集（第五卷）［M］.北京：人民出版社，1977：471.
② 中共中央文献研究室.毛泽东文集（第七卷）［M］.北京：人民出版社，1999：273.
③ 邓小平.邓小平文选（第一卷）［M］.北京：人民出版社，1994：137.

明辨是非，树立正确的三观。提出了讲学习、讲政治、讲正气"三讲"教育，尤其是江泽民对领导干部提出的"讲政治"引起了人们的高度重视，在一定程度上，为我国社会主义现代化建设创造了良好的政治环境。

4. 胡锦涛关于青年政治教育重要论述。胡锦涛高度重视青年的政治教育和培养问题，认为大学生思想政治素质是衡量我国高等教育事业发展好坏、高校办学质量高低的重要指标，强调高校思想政治教育对大学生全面发展的重要性，要求全国高校要充分发挥大学生思想政治教育的作用，加强对学生开展理想信念教育、爱国主义教育、公民道德教育等，多方面促进大学生成长成才。胡锦涛关于青年政治教育理念与今天时代新人思想政治教育理念是高度吻合的。

5. 习近平关于青年政治教育重要论述。党的十八大以来，习近平总书记多次谈到"讲政治""做政治的明白人""把好政治关"等相关论述。党的十八大报告中强调了思想政治工作的重要性；十九大报告把"党的政治建设"放在了首位，而且提出了"旗帜鲜明地讲政治"的根本要求；二十大报告对干部政治素质作了明确要求。此外，2016年年底召开了全国高校思想政治工作会议，2019年又专门召开了学校思想政治理论课教师座谈会。总书记关于青年政治教育重要论述为新时代大学生政治素养培育提供了重要理论支撑和实践指南。

新时代大学生政治素养的培育离不开科学理论的指导，马克思主义经典作家的相关理论以及我国历代领导人关于青年政治教育理论为新时代大学生政治素养培养提供了重要理论支撑，指导着新时代大学生政治素养培育实践。

（三）思想政治教育灌输理论

灌输理论是马克思主义的重要原理，也是思想政治教育的一个重要方法和理论，强调的是通过灌输的方式使受教育者获取知识。灌输理论在大学生政治素养培育过程中发挥着积极的作用，大学生要具备扎实的政治理论知识就必须通过灌输的方式系统性地把基本理论知识传递到大学生头脑中，用理论知识武装大学生的头脑，从而确保大学生的言行统一到中国特色社会主义道路要求的轨道上。

第二节　新时代大学生政治素养培育的价值意蕴及现状分析

一、新时代大学生政治素养培育的价值意蕴

新时代是全球化、信息化和现代化的时代，文化的多元、信息的多维、价值的多样是当今最鲜明的时代特征。新时代大学生唯有不断提高政治素养，才能在面对多元文化和多元价值的选择时作出正确的判断，才能在实现民族复兴新征程中贡献青春力量，因此，提升大学生政治素养已经成为一个重要的时代课题，具有重大现实意义。

（一）促进大学生实现自身全面均衡发展的内在要求

马克思认为，人的全面发展是由人的本质和所处的社会环境决定的。人的全面均衡发展是社会发展的必然要求，在经济全球化趋势深入发展，社会竞争愈演愈烈的今天，青年大学生只有实现德智体美劳全面均衡协调发展，才能在残酷而激烈的社会竞争中发挥特长、凸显优势。

大学生全面均衡发展主要指大学生在政治、道德、智力、身体、能力、心理等方面的健康、和谐、持续发展，诸多因素相互影响、相互作用，共同推动着大学生全面均衡健康发展。其中，政治素养是最为核心和关键的部分，政治素养的发展是其他素养发展的重要基础，对其他素养的发展有着导向作用。

（二）有效应对复杂国际环境强烈挑战

习近平总书记高瞻远瞩、审时度势，在正确认识国际发展局势，客观判断世界经历和中国面临的两个大态势的基础上，深刻揭示了世界新的时代特征，提出了"世界处于百年未有之大变局"的重要论断。当前，中国站在百年未有之的历史关口，处于前所未有的崭新时代。

今天的青年大学生正处在社会转型的关键时期，国际形势日趋复杂，意识形态领域的斗争依然存在，互联网的快速发展使得各种思潮、各种良莠不齐的价值观犹如飓风涌入大学生的学习和生活中，大学生思想观念、道德意识和价值取向面临着多元化的强烈冲击。比如西方敌对势力利用各种途径宣扬他们所谓的"民主政治"，试图通过潜移默化的方式影响大学生的政治思想观念及生活方式。倘若大学生没有完善的政治知识体系，不具备坚定的政治立场，就很容易被庸俗的、错误的以及西方腐朽的政治价值观念所影响，无法分辨出诸如享乐主义、民族虚无主义、历史虚无主义等腐朽文化，甚至会出现"政治信仰危机"。

大学生政治素养高低关乎国运、关乎未来，直接关系着国家的前途和民族的命运。培育新时代大学生的政治素养是积极应对复杂国际环境的迫切需求，让大学生在价值多元、文化交锋、观念多样的潮流中正确认识世界发展大势，在纷繁复杂的政治价值观念中明确政治方向、坚定政治立场具有非常重要的现实意义。

（三）担当中华民族伟大复兴使命的必然要求

当今最核心的时代主题是：实现中华民族伟大复兴，实现"两个一百年"奋斗目标。新时代青年大学生的人生黄金期与"两个一百年"进程完全吻合，因此，习近平总书记对新时代青年寄予殷切期望，多次强调："实现中华民族伟大复兴的中国梦，需要一代又一代有志青年接续奋斗。"①期待青年一代在实现中华民族复兴伟业和建成社会主义现代化强国接力中跑出好的成绩。

因此，在这个伟大的征程中，需要中华儿女踔厉奋发，更需要时代新人具有把自己自觉地融入民族复兴的伟大征程中，把自己的成长与国家、民族的前途命运紧密联系在一起的政治担当。实现政治担当需要时代新人具备政治素养。②政治素养不仅能够让新时代大学生深刻认识到实现中华民族复兴必须走由中国共产党领导的中国特色社会主义道路，而且也能更加深刻理解自己肩负的历史责任和时代使命。

二、新时代大学生政治素养的现状分析

新时代大学生是国家发展的宝贵人才，是民族复兴的不竭动力，研究新时代大学生政治素养及其培育问题，需要客观准确把握新时代青年学生的政治素养现状，理性全面认识存在的问题，只有这样我们才能提出有针对性和实效性的培育路径。

党的十八大以来，习近平总书记高度重视青年学生思想政治教育工作，对"培养什么人、怎样培养人、为谁培养人"进行了深入的思考和研究。同样，大学生的教育、就业、社会实践、综合素质提高与培育等问题也受到社会各界的关注。比如近年来开展的"逐梦计划""中国志愿服务"以及其他各类大小型公益活动均以大学生为主角。这些活动的开展除了为大学生提供了良好的社会实践平台和锻炼机会外，更多表达的是对大学生责任感和使命感的信任，社会相信新时代大学生的思想政治与道德品质是合

---

① 习近平. 在知识分子、劳动模范、青年代表座谈会上的讲话［M］. 北京：人民出版社，2016：11-12.

② 刘丙元. 论"时代新人"的政治素养及其培育［J］. 广东青年研究，2022（2）：35-42.

格的，有能力担当起社会交给的重任。

的确，时代在变迁、国家在发展、社会在变革，大学生紧跟时代发展的步伐和节奏，对党和国家未来发展充满信心和期待，政治素养呈现出健康的、积极的发展态势：

一是对党和国家的未来充满信心和期待。有学者的问卷调查显示，广大学生衷心拥护党的领导和社会主义制度，对党和国家开展的工作和近十年发展成就表示肯定和赞同，并对我国未来的发展充满信心和期待；二是具有强烈的政治情怀。教育部一项哲社发展项目的调查结果显示，91.3%的大学生具有深厚的家国情怀和爱国主义情怀，强烈表示"作为中华民族的一员感到自豪"，80.3%的大学生有强烈的责任感，表示"国家兴亡，我的责任"；三是政治立场坚定，信仰马克思主义。马克思主义是我们立党立国的根本指导思想，坚定对马克思主义的信仰是其政治立场坚定的体现。一些学者的问卷调查结果显示，绝大多数大学生政治信仰坚定，政治价值取向同党和国家的政治导向保持高度一致，能够认识到马克思主义在我国意识形态领域中的指导作用，认识到学习马克思主义的重要性。

在看到成绩的同时，我们也应该关注存在的问题，对突出问题进行客观分析和深入研究将帮助我们提出更加科学的提升策略，培养出符合时代要求的具有较高政治素养的时代新人。新时代大学生政治素养存在的突出问题主要体现在以下几个方面：

（一）部分学生政治理论基础薄弱

政治理论素养是政治素养体系中最基础、最核心的部分。大学生只有具备深厚的马克思主义理论功底，掌握扎实的政治理论知识，构建起完善的政治理论知识体系，才能增强政治敏锐性和政治鉴别力，才能具备透过现象挖掘事物的本质以及正确分析国内外局势政治背景的能力。

但是，从学者的问卷调查情况来看，部分学生政治知识储备不足、理论基础薄弱。比如，一项针对武汉大学、中央民族大学、内蒙古大学等 6 所高校大学生思想政治素质调查结果显示，作为高校思想政治理论课的核心课程，学生对马克思主义基本原理的了解程度仅 3.20 分（满分为 5 分），对中国特色社会主义理论体系的了解程度仅 3.39 分。[①] 大学生群体整体呈现出政治理论素养层次参差不齐、高低不等的现状，尤其是理工科院校学生相比文科院校学生政治理论基础相对薄弱，对马克思主义基本理论基础知识认识不到位，对国家的大政方针政策了解程度较低。

（二）部分学生政治责任感不强

大学生政治责任感不强主要体现为：部分学生在参与政治活动上没有表现出新时代大学生应有的积极向上的精神风貌和精神状态，不参加或者不愿意参加政治活动，对政治问题不关注、不关心，甚至表现出消极、冷漠的态度。学者对"大学生上网关注内容"这一问题进行调研，结果表明，学生们更喜欢关注的是体育新闻和娱乐新闻，政治新闻和社会热点问题居后。

（三）部分学生政治参与功利化

有学者就大学生政治参与动机进行了调研分析，其中 28.7% 的同学是为了追求理想信念，35.7% 的同学是为了享受权利、履行义务，23.4% 的同学是由于现实利益的驱动，还有 12.2% 的同学是被动地进行政治参与[②]。有学者就大学生政治信仰状况的调查数据显示：18.2% 的学员认为成为一名中共党员有利于以后在工作中升职。由此可以判断出，大学生参与政治活动的动机并不单纯，有些学生把参与政治活动与利益、就业挂钩，缺乏

---

① 邢鹏飞. 当前大学生思想政治素质实证研究［J］. 江西师范大学学报（哲学社会科学版），2014（1）：34-43.

② 朱亮. 当代中国大学生政治参与存在的问题与对策［J］. 湖北经济学院学报，2013（12）：102-104.

大学生应有的政治责任感和使命感。

三、新时代大学生政治素养现实困境的原因

环境是人类赖以生存和发展的必要条件，又反过来影响着人类的生存和发展。毋庸置疑，政治环境的好坏影响着大学生政治素养的塑造。在现实生活中，影响大学生的政治环境既包括学校、家庭、社会和网络这样的客观环境，还包括大学生个人成长的主观环境。大学生政治素养存在的突出问题与大学生的学习、生活环境密切相关。

（一）学校环境

高校是大学生思想政治教育的重要阵地，理应肩负起大学生政治素养培养的重任。但是目前高校对大学生政治素养培育效果不是很明显，尤其是理工科高校存在重专业、轻政治的现象，对学生政治素养培育方式简单化、形式化、程序化，把对大学生政治素养的培育简单等同于思想政治教育，认为学生政治素养培育只是思政课教师的责任，不能充分发挥课程思政在"全员育人"的主渠道作用。

对高校教师而言，无论是思想政治理论课教师还是专业课教师，都不能忘记"铸魂育人"之初心，"为党育人、为国育才"之使命，要把培养德智体美劳全面发展的社会主义建设者和接班人作为教育事业的根本任务和光荣使命。课程思政作为思想政治教育在专业课程中的延伸和补充，要充分利用课堂教学这个主战场进行立德树人，真正推动"思政课程"与"课程思政"的协同育人。

（二）家庭环境

家庭是孩子的第一所学校，家庭环境对孩子的影响是深远的，家庭主要成员的性格特征、从事职业、兴趣爱好、生活理念、教育方式会潜移默

化地影响着孩子的成长和发展。在竞争和内卷如此激烈的今天，很多家长教育功利化、短式化、盲目化，只看重孩子的学习成绩和各种证书，而忽视对孩子政治素养、道德素养、法治素养等方面的教育，认为只要成绩好就能找到一份好工作，在社会上有一席之地，这种思想和教育方式在一定程度上影响着对孩子政治素养的塑造和提升。

（三）社会环境

教育的根本目的在于为国家和社会培养优秀的、适合社会未来发展需求的人才，从而引领社会未来发展方向，因此大学人才培养的目标在顺应时代发展的同时，要与社会深度融合，与社会对人才的需求保持一致。但是，在社会主义市场经济大背景下，社会片面追求经济的增长和技术的进步，着重强调的是应用型和技能型人才，更加关注人才给企业带来的社会经济效益，在这样的倾向和需求下高校人才培养目标和方向也发生着转变，不管是学校、老师还是学生本人更加重视适应未来工作岗位的知识和技能传授和学习，而轻视了政治素质的培养和提升。

（四）网络环境

互联网时代，网络已经成为大学生学习、生活、交流、娱乐的主要载体和平台，尤其是随着自媒体时代的到来，微信、微博、抖音、QQ 等载体广泛使用和蓬勃发展，给大学生政治素养带来了积极与消极并存的双重影响。一方面为青年大学生政治素养培育创造了新的发展机遇，不仅可以让大学生不受地域、不受时间、不受限制地获取自己需要的"精神食粮"，而且在一定程度上拉近了大学生与国家、政府和国家政治生活之间的距离，让大学生能够及时地聆听国家的声音，了解政府的动态。同时，也拓宽了大学生有序参加政治活动的渠道，为大学生提供了更加广阔的政治互动平台，在一定程度上促进了大学生政治素养的提升；另一方面，复杂多样的媒体信息和飞速的传播速度为大学生政治素养培育带来了新的冲击和挑战，甚至带来了隐形消极的影响。比如，在纷繁复杂、泥沙俱下的信息影响下，大学生难辨真假，也容易被断章取义的文字和低质量的图片误导，造成政治认知能力下降；多元网络政治文化背景下产生了多元价值观，大学生由于缺乏理性的政治鉴别力，政治认知、政治态度和政治行为也会受到不良影响，从而阻碍大学生政治素养的提升。

第三节　新时代大学生政治素养的提升策略

通过对新时代大学生政治素养现状的深度分析，不难发现，尽管当代大学生群体政治素养状况整体积极健康，但在部分大学生身上仍存在一些薄弱环节和突出问题。作为强国一代的青年大学生，将参与、见证中国走向世界强国，其政治素养不仅关系到个人发展，并且影响着国家意识形态安全和国家竞争力。因此，高校应该把大学生政治素养培育作为一项专项教育，作为新时代大学生思想政治教育的重点和核心工作开展和推动。

高校是大学生政治素养培育的主阵地，思想政治理论课是大学生政治素养培育的重要途径，个人是大学生政治素养培育的关键性因素，因此，大学生政治素养培育需要高校、思想政治教育工作者和学生三大核心主体相互配合、共同发力。

一、高校是大学生政治素养培育的主阵地

新时代的到来，给高等教育提出了更高的要求。时代新人的培育效果往往通过具体素养指标体现，政治素养是最重要和核心的指标，政治过硬是对时代新人的必然要求。高校作为贯彻立德树人根本教育任务的重要阵地，肩负着培育担当民族复兴大任时代新人的历史重任，应着重从以下几

个方面提升大学生的政治素养：

（一）加强大学生意识形态教育，引导大学生坚定正确的政治方向

全球化的日益深化和新媒体技术的迅猛发展，给我国的发展带来了前所未有的机遇，与此同时，也给政治稳定、经济发展、文化进步带来了强烈的冲击和挑战。各种政治观点及"普世价值""新自由主义""历史虚无主义"等错误思潮涌现，挑战着青年大学生的政治价值观，尤其是文化全球化的发展给大学生的思想观念、道德意识和价值取向带来了多元化的冲击。大学生的世界观、人生观、价值观尚不稳定和成熟，很容易被错误的、庸俗的及西方腐朽的政治价值观念所影响，所以在这一关键时期对大学生加强意识形态教育和政治素养培育必要、必须且迫切。

高校作为国家意识形态极其重要的阵地，应该结合国际局势、中国国情及意识形态的发展态势，对学生开展意识形态安全教育，尤其是要加强大学生政治理论学习教育，"理论上的成熟是政治上成熟的基础，政治上的坚定源于理论上的清醒"[①]，让政治理论走进课堂，灌输到学生头脑，引导学生学习和掌握基本的政治理论知识，拓展政治理论认知的广度和深度，帮助大学生在文化多元、价值多元的潮流中正确认识世界发展大势，在纷繁复杂的政治价值观念中明确和坚定自身的政治方向和立场，从而坚定"四个自信"。

（二）营造良好的校园文化氛围，构建高校思想政治教育有利环境

外在环境对政治意识、政治情感、政治信仰等内在心理状态起到强化作用。高校可以通过创设政治生活情境，营造校园政治文化氛围的方式为学生提供政治参与、政治实践、政治表达的平台和机会，从而有效提升学

---

① 阙祥才，宋司琦. 大学生自主学习能力存在的问题与对策［J］. 湖北第二师范学院学报，2019（6）：57-61.

生的政治素养。有研究表明，参与式学习才是真正的学习，参与式学习对于人的素质培育具有至关重要性。

良好政治生态环境的营造是大学生政治素养培育过程中不可缺少的因素。可以通过建立部门与部门、部门与学院联动机制，推动政治素养教育走向深入。比如，学校党委宣传部、学生处、校团委、马克思主义学院等相关行政部门和学院加强联动，结合重大节日开展学生喜闻乐见的爱国主义教育实践活动，为青年大学生提供多样化的政治表达参与机会，激发大学生爱国、爱党、爱社会主义的热情和激情，塑造正确的政治认知和政治情感，纠正不当的政治意识，使学生在大是大非面前不迷失方向。

（三）突出党建引领，加强党团建设

加强党团建设是提升大学生政治素养的关键因素。党委组织部、学工部、校团委等相关部门和学院要积极发挥党校、团校、学生会等组织的引领作用，充分调动优秀大学生、学生党员、学生干部、学生团员的先锋模范作用，在学校党团干部、学生干部选拔、入党积极分子和学生干部党课教育等过程中强化政治意识、提升政治素养。

首先，在入党积极分子、学生干部选拔上要严格把关。党员和学生干部无论是在大学评先评优中，还是在毕业后考公务员、选调生、事业单位以及就业中都占有一定优势，因此在前期选拔上，一定要对入党动机、竞选学生干部动机以及素养全面考察、严格把关，避免动机不单纯、功利化现象的出现；其次，在入党积极分子培训和学生干部培训过程中，要增强政治教育的环节和内容，可以通过开展党课、举办培训班、政治素养专题讲座、形势与政策报告会等形式向学生渗透政治理论知识，提高政治认知水平，从而推动学生的政治素养情感和意志的提升；最后，面向学生干部、党团干部开展实践教育，从情感上影响大学生政治心理，用党性教育涵养大学生的政治信念。

二、思想政治理论课是大学生政治素养培育的重要途径

习近平总书记强调："办好思想政治理论课，最根本的是要解决好培养什么人、怎样培养人、为谁培养人这个根本问题。"①思想政治理论课作为大学生思想政治教育的"主心骨"课程，其课程性质决定了其在大学生政治素养教育中主阵地、主课堂、主渠道的地位。新时代思想政治理论课对大学生政治素养的培育要从以下几个方面发力：

（一）守正创新，传播新时代的好声音

新时代背景下的思政课既要守正又要创新，既要坚持思政课的初心与使命，又要紧跟时代步伐，勇于创新，做到时代潮流与社会现实需求有机紧密结合。

一是注重教学思维方式的创新。思政课教师要转变传统的教学思维方式，充分发挥教师教学引导主体和学生自主学习主体的双主体作用；二是注重教学方式方法的创新。避免照本宣科，通过形式上的创新提高学生的关注度和兴趣度，努力实现理论讲授和课堂提问、演讲、辩论、社会实践等多种形式的有机结合；三是注重教学观念的创新。思政课教师要善于把传统的"你听我讲"对立式授课模式转变为共同探讨的互动式教学模式，把枯燥的理论说教转变为生动的案例分析；四是注重教学内容上的创新。以理论联系实际为主线，善于把党的理论、路线、方针和政策与学生关心的"热点"和"难点"结合起来，把抽象的理论知识与具体的生活、学习结合起来，切实提高思政课吸引力、感染力，最终达到"润物细无声"之效果。

---

① 习近平总书记在学校思想政治理论课教师座谈会上重要讲话系列解读［EB/OL］.［2019-3-19］. http://theory.people.com.cn/GB/40557/426099/.

（二）拓宽阵地，唱响新时代的主旋律

自媒体时代背景下，微博、微信、QQ、抖音等自媒体载体已成为新时代大学生群体接触和了解社会的主要打开方式，可以说大学生对自媒体载体的熟悉程度和运用水平要远远超过其他群体。因此，新时代的思政课教师既要敢于直视自媒体发展带来的新挑战，又要勇于抓住自媒体发展带来的新机遇。不仅要吃透教材、站稳讲台，在守正创新中讲出新时代思政课的自信自强，还要拓宽阵地，灵活应用新媒体新技术，唱响新时代的主旋律。

一是善于运用新媒体、新技术拓宽与学生的交流渠道。思想政治理论课教育教学不能单单局限于知识的灌输与传递，更应该注重师生之间情感交流与对话。以微信、微博、QQ 为代表的自媒体载体作为社会不断前进和发展的时代产物，是思政课产生情感共鸣、实现情感教育的重要载体，思政课教师要善于运用自媒体载体在思政课教学中的正向作用开展教学、交流；二是通过新媒体、新技术丰富学生的知识体系。这就要求思政课教师要将自媒体载体与思想政治教育教学有机结合、高度融合起来，积极利用自媒体平台发布一些正能量信息，通过自媒体载体弘扬社会主义核心价值观主旋律，从而激发大学生政治素养的养成。

（三）培养队伍，建强新时代的主力军

思政课教师是培育大学生政治素养的核心主体，育人先律己，思政课教师具备过硬的政治素养是前提和关键。2019 年 3 月 18 日，习近平总书记在学校思想政治理论课教师座谈会上对思政课教师的第一要求就是政治要强。教师具备较高的政治素养是对大学生开展世界观、人生观、价值观教育的重要前提。

思政课教师如何做到政治强？习近平总书记有明确要求："政治要强，让有信仰的人讲信仰，善于从政治上看问题，在大是大非面前保持政治清

醒。"① 首先要具有坚定的政治信仰。在当代中国，这种政治信仰的对象就是马克思主义、共产主义和中国特色社会主义，在当下就是习近平新时代中国特色社会主义思想。② 其次，善于从政治上看问题。在思想政治理论课课堂上，如果教师善于用敏锐的政治思维分析世界正经历的百年未有之大变局、我国在新的历史方位面对的挑战，以及一些具体问题是非常可贵的，不仅可以拓宽学生的国际视野，强化国情意识和问题意识，而且可以帮助学生树立正确的世界观、人生观、价值观，因此善于从政治层面分析问题是对思政课教师的最基本要求。最后，在大是大非面前保持政治清醒。要保障学生在多元的思想文化潮流的碰撞中不迷失方向、不误入歧途，首先要求教师在大是大非面前保持清醒的政治头脑，做到对党忠诚、保持政治定力、始终坚守正确的政治观点。

三、个人是大学生政治素养培育的决定性因素

大学生政治素养培育既是理论问题，也是实践问题，大学生要真正地提升政治素养就必须构建有效的自我教育体系，认真研读马克思主义经典著作，认真研读中国化时代化的马克思主义理论成果，不断改造自己的内心世界。

（一）掌握扎实的政治理论知识提升大学生政治素养

扎实的政治理论知识是政治素养的基础和关键，具备扎实的政治理论知识有助于大学生树立正确的理想信念，有助于大学生正确认识国内外局势和国内外重大时政热点事件，有助于解决大学生思想认识上的疑惑和偏

① 习近平主持召开学校思想政治理论课教师座谈会强调：用新时代中国特色社会主义思想铸魂育人 贯彻党的教育方针落实立德树人根本任务 [N].人民日报，2019-03-19（1）.
② 秦宣.思想政治理论课教师应树立坚定的政治信仰 [J].思想理论教育导刊，2019（5）：22-23.

差。具体来说，大学生扎实的政治理论知识重点需要从以下几个方面培养：

1. 学习政治学基础知识。政治学是研究政治现象、政治体制、政治行为为主的社会科学学科，掌握其基础理论知识是构建扎实政治理论知识体系的基础。大学生可以通过阅读政治学书籍、聆听政治学相关课程或者利用优质的在线教育云平台系统学习政治学的基本概念、理论和方法。除此之外，可以广泛涉猎不同的政治书籍和研究资料，如政治哲学、国际关系、公共政策，以及政治学相关学术著作、研究报告、评论和分析文章等，以便全面了解不同层面和应用领域的政治理论知识。

2. 阅读政治学经典著作。阅读政治学经典著作可以深入了解政治理论的源流和思想，培养扎实的政治理论素养。大学生可以选择读一些经典的政治哲学著作，如亚里士多德的《政治学》、柏拉图的《理想国》、卢梭的《社会契约论》、洛克的《政府论》、罗布斯的《利维坦》，孟子的《孟子》等，以及一些现代政治理论经典著作，如马克思的《资本论》、韦伯的《政治社会学》等。

3. 关注时事政治。大学生要密切关注国内外的政治动态和时事问题，了解各种政治事件、政策变化和国际关系的发展，可以通过阅读政治新闻、参与政治讨论、观看相关节目等方式，加深对政治理论知识的实际运用和理解。

4. 参与学术研究和写作。参与学术研究和写作是提高政治理论知识的有效方式。大学生可以选择研究一个特定的政治理论问题，进行深入的文献调查和分析，并撰写学术论文或研究报告，这种深入研究的过程将使大学生更加熟悉特定的政治理论领域，并培养研究和写作的能力。

政治学是一个不断发展和演变的学科，需要不断学习、持续更新知识，因此，大学生要时刻追踪热点、关注前沿，定期阅读最新的研究成果和学术讨论。此外，注重理论与实际的有机统一，在实践中不断深化对理论的理解，并将理论知识应用于实际问题的解决中。大学生还可以通过参加各种形式的社会实践活动，通过与他人交流、沟通，倾听不同的声音和观点，扩展自己的思维视野和思考方式，积淀扎实的政治理论基础。

（二）以马克思主义经典著作为指导提升大学生政治素养

是否具有深厚的马克思主义理论功底是衡量新时代大学生政治素养高低的一个重要指标。新时代的大学生要把研读经典作为一项基本的生活方式，作为人生的首要任务和精神追求，要通过阅读经典著作塑造理想情怀、提升品质学识。

大学生要具备深厚的马克思主义理论功底，首先要认真学习、静心研读《共产党宣言》《德意志意识形态》《资本论》等马克思主义经典著作，把研读马克思主义经典著作作为一种精神追求，通过研读马克思主义经典著作，夯实马克思主义理论功底，加深对自然、社会和思维规律的认识。大学生从整体把握人类历史未来的走向，纠正思想和认识上的偏差，树立共产主义远大理想和中国特色社会主义共同理想。

其次，要掌握马克思主义基本立场、观点和方法。马克思主义基本立场观点方法具有穿越时空的永恒价值，学习马克思主义经典著作，最根本的是要掌握马克思主义的基本立场观点方法，领会其精髓要义，运用马克思主义基本立场、观点和方法分析问题、解决问题，观察时代、解读时代。

（三）以马克思主义中国化时代化理论为根基提升大学生政治素养

马克思主义中国化时代化理论成果是把马克思主义基本原理同中国的革命、建设、改革相结合，同中华优秀传统文化相结合的过程中形成的，因此学习马克思主义中国化时代化理论成果，尤其是新时代中国特色社会主义思想不仅有助于深化对马克思主义基本原理的认识和理解，而且有助于新时代中国特色社会主义思想的世界观和方法论。

（四）坚持理论联系实际的马克思主义学风

马克思主义不是空洞的、生硬的理论，而是来自实践又指导实践的行动指南。新时代大学生要坚持理论联系实际的马克思主义学风，一方面，要把我们党的大政方针同世情、我国的基本国情和党情联系起来，同我国社会发展实际特别是新时代的新实际联系起来，用所学的理论知识分析社会基本问题、社会基本现实；另一方面要把个人未来发展同国家的发展趋势紧密联系起来，不断端正自己，提升政治素养，努力改造自己的主观世界，做一名不负时代、不负韶华的新时代青年大学生。

结　语

大学生是未来社会的中坚力量，具有重要的社会责任和历史使命。政治素养是大学生在成长和发展过程中必备的素质。培育大学生政治素养具有以下重要作用：政治素养的培养可以帮助大学生树立正确的世界观、人生观和价值观，提高他们的思想境界和道德水平，引导他们积极投身到祖国建设和发展中去。政治素养的培养可以增强大学生的社会责任感和使命感，引导他们积极参与社会公益活动和社会实践，增强他们的社会认知能力和社会适应能力，为未来的社会建设和发展作出积极的贡献。政治素养的培养可以帮助大学生理解国家政治制度和社会管理体制，提高他们的政治参与能力和社会参与能力，从而更好地行使公民的权利和义务，为社会的发展和进步提供有力的支持。政治素养的培养可以帮助大学生加强对国际政治和经济形势的了解和认识，提高他们的国际视野和交往能力，为今后走向世界、服务全球做好准备。

中国特色社会主义建设任重道远，中国的青年一代，只有保持高度的政治敏感和具备良好的政治素养，才能在风云变化的时代保持坚定立场，勇立潮头，作出一番伟大事业。

第三章

道德素养：核心素养的根基

"国无德不兴，人无德不立。……只要中华民族一代接着一代追求美好崇高的道德境界，我们的民族就永远充满希望。"① 道德是个体自我超越的内在驱动，是凝聚民族团结的磅礴力量。肩负着历史使命、时代重任的青年大学生不仅要掌握实现社会主义现代化强国所需要的知识、技术这样的硬实力，更要具备高尚的道德品质、正确的道德价值观这样的软实力。正如习近平总书记所说："做人做事第一位的是崇德修身。"②

在新时代、新目标、新使命的召唤下，如何把青年大学生肩负的历史使命与自身成长相结合，培育出符合时代要求的德才兼备的时代新人，已经成为新时代公民道德建设亟待探究的课题。

第一节　新时代大学生道德素养的内涵及其理论基础

一、新时代大学生道德素养的内涵

道德素养是人们在道德方面的修养，具体体现为人们在社会生活和人

---

① 习近平. 认真贯彻党的十八届三中全会精神汇聚起全面深化改革的强大正能量［N］. 人民日报，2013-11-29（01）.
② 习近平. 青年要自觉践行社会主义核心价值观——在北京大学师生座谈会上的讲话［M］. 北京：人民出版社，2014：10.

际交往中遵循的道德规范和道德准则的内在素质。道德素养是大学生成为符合时代要求的德才兼备时代新人所必须具备的重要素养之一，是新时代大学生核心素养的根基。道德的内涵、特征、功能，新时代大学生道德素养的内涵、构成要素，以及新时代大学生道德素养培育的理论基础是本节研究的重点内容。

（一）道德的内涵

法国社会学家莫兰说："道德，比任何人类社会的精神建设问题都更重要和复杂，因为它涉及社会文化的各个层面，而且又涉及人的心灵本质的最敏感的部分和最精微的因素。"[①] 道德无论在中西方都有着丰富的内涵。

中国哲学中的"道德"有着丰富的内涵，从词源上来看，"道"与"德"两者各有其意义，"道"原意是道路，后引申为普遍规律或社会秩序。"德"相近于"得"，"德，得也，得道之谓也"的解释，表明"道"与"德"的基本关系即"德"就是自得于"道"，后来"德"引申为个人之德，高尚品德。"道德"指的是用高尚的道德观念来评价和规范人们的行为，调整人与人之间的关系。

道德其实并不是一开始就有的，而是随着国家和私有制的产生而出现的。在生产力水平极其低下的原始社会和奴隶社会初期并没有道德这个概念，直至春秋战国时期，意识形态领域出现了诸子百家和百家争鸣的盛况，才开始重视道德规范和道德教化，道德也就成了人们生活中遵守的行为规范。

西方历史语境中的"道德"指的是个人的"德性"，与神性相对应。古希腊智者学派认为"德性"就是人的优秀性，具体指个人的优秀品质，不仅包括品德的优秀，而且在知识、智慧与能力等方面也表现突出；普罗

---

① 冯俊，龚群. 东西方公民道德研究［M］. 北京：中国人民大学出版社，2011：7-8.

泰戈拉认为"德性"就是"慎思公私事务"[①]；苏格拉底认为通过寻找不同人的"德性"而发现的共同点就是道德的初始形象；亚里士多德继承了苏格拉底和柏拉图的研究方法，认为"伦理德性是由风俗习惯熏陶出来的"[②]。

马克思道德观作为马克思主义的重要组成部分，蕴含着丰富的道德思想。在马克思看来，道德是社会意识形态的重要组成部分，属于经济基础决定的上层建筑的范畴，人类社会生产实践是道德得以产生的决定性因素。马克思认为人们在生产实践中萌芽了意识，产生了维护自身利益、维护群体和谐稳定、有效调节社会生活的约定和规则，也就产生了道德。高尚的道德观念影响着人们的道德行为选择，推动着社会进步与发展，相反，落后的道德观念则会阻碍社会的进步和发展。

尽管中西方对道德内涵的界定不同，但是不存在本质上的分歧，中西方都认为道德属于意识形态范畴，调整的是社会、个人之间的关系，道德源于社会生活，并随着社会实践的发展而变化、丰富和完善。两者的不同之处在于，中国是在个人与社会之间构建"道"与"德"的辩证关系，着重强调集体主义，西方则是在个人的"习惯"与"行为"中定义道德，着重强调个人主义。

（二）道德的特征及其功能

1. 道德的特征。道德由一定的社会经济基础决定。正如恩格斯所言："人们自觉地或不自觉地从他们进行生产和交换的经济关系中，吸取自己的道德观念。"[③] 恩格斯的论断告诉我们，任何社会道德的形成与发展必然

---

① ［古希腊］柏拉图.普罗泰戈拉篇［M］//周辅成.西方伦理学名著选辑（上卷）.北京：商务印书馆，1964：19.

② ［古希腊］亚里士多德.尼各马可伦理学［M］.苗力田，译.北京：中国社会科学出版社，1990：25.

③ 中共中央马克思恩格斯列宁斯大林著作编译局.马克思恩格斯选集（第三卷）［M］.北京：人民出版社，1972：133.

受社会经济关系的影响和制约。因此，不存在适用于所有阶级、一切时代的道德，道德的内涵随着人类社会的发展、时代的变迁而不断丰富和发展。道德是特殊的调解规范体系，其特殊性主要体现为它不同于法律规范，它是一种非制度化、非强制性规范，往往以善恶作为评价标准，通过社会舆论、传统习俗、内心信念等方式约束和规范个人行为和社会生活。道德是义务范畴下的道德，它在社会群体的意识下已成为一种普遍性的"社会契约"，成了所有社会成员必须遵守的义务。

2. 道德的功能。道德的功能指的是道德作为特殊的社会意识形态给社会发展所带来的功效和作用。根据道德对个人、他人、社会经济发展和民族进步所产生的价值和意义，可以从以下三个方面归纳道德的功能：

（1）道德具有认识功能。道德的认识功能主要体现为道德有明确的评价标准，往往通过是非、曲直、善恶、荣辱等标准衡量人类的道德实践活动和道德关系，进而为人们的实践行为提供指引和方向。比如在日常工作、学习和生活中，人们往往以道德评价标准为观测点，认识自己对他人、家庭、社会的义务和责任，从而选择正确的道德行为，涵养高尚的道德品格。

（2）道德具有规范功能。道德的规范功能主要体现在正确评价标准和真善美道德观的引导下，规范个人在公共领域、工作领域、家庭领域以及网络空间的言行举止。

（3）道德具有调节功能。我们可以把道德理解为社会矛盾的调节器，通过特定的方式纠正人们的行为和实践活动，调节各种关系，从而使个人利益和他人利益保持一致，最终促进社会和谐稳定。

总之，道德代表着社会的正面价值取向，对人们的生活及其行为起着价值判断和指导作用。在高尚道德风尚的引领下，人们可以规范自己在各个领域的行为，调节各种利益关系，涵养自己的道德品格，从而促进社会健康和谐稳定。

（三）大学生道德素养的内涵

道德素养是素养体系中的道德部分，是一个人在道德层面的修养和素质。道德素养包含对道德规范的认知、对道德价值标准的认同、对是非曲直道德问题的判断等方面的内容。一个具备较高道德素养的人不仅能遵守道德准则，还能够在面对复杂情境时作出理性的道德判断和正确的道德抉择。道德素养是核心素养的根基，对于个人的发展和社会的稳定具有重要意义，尤其是大学生道德素养是衡量一个国家国民素养的重要标准，是我们培养时代新人必须关注的品质。

新时代大学生的道德素养的高低以及道德价值取向的正确与否往往受内外因素的影响，一方面受个人身心特点、认知践行、政治面貌、学历层次等内部因素的影响；另一方面受社会环境、学校教育、家庭环境等外界环境的影响。

二、新时代大学生道德素养的核心构成

根据道德素养的内涵和新时代大学生认知特征、身心发展规律，我们可以把新时代大学生道德素养构成要素归纳为道德认知、道德情感、道德意志和道德行为四个方面。

（一）道德认知

所谓认知就是对事物的认识和了解，道德认知就是对道德内涵、道德规范、道德目标、道德行为等道德层面基本问题的理解和把握，以及对自身道德行为、他人道德行为的看法和评价。

道德认知是道德素养的基础和根本，主体只有对道德层面基本问题有正确的理解和把握，才能产生道德情感和道德意识，进行正确的道德实践。道德认知是在学习和实践中总结出来的，代表着一个人的道德境界和价值

观念。大学生对道德、道德规范、道德行为以及其中的必然性、规律性不断深化的过程就是大学生道德认知素养提升的过程。具备符合新时代要求的道德认知水平有助于大学生在多元复杂的社会文化下作出理性的道德判断、践行正确的道德行为。

（二）道德情感

道德情感是个体在一定的道德认知基础上，对现实的道德关系及自己或他人的道德行为所产生的内心体验和主观态度。道德情感有积极和消极之分，积极的道德情感体现为个体能够以积极、向上、乐观的心态和情感面对和处理生活中各式各样的道德问题。

道德情感是推动个体进行道德实践的内在动力，新时代人民对美好生活的追求离不开积极的道德情感。积极的道德情感不仅有助于提高大学生的道德涵养、完善大学生的道德人格，而且有助于提升大学生的精神境界，进而促进大学生身心健康、全面发展。

（三）道德意志

道德意志是道德情感的升华，是主体根据客观现状对道德问题作出准确判断的能力。道德意志体现着主体的决心和毅力，不同主体之所以会有不同程度的道德意志，主要是由完成事情所需要的路径和主体自身所具有的思想品质决定的。

大学生只有具备坚定的道德意志力，才能抵挡住物质、金钱、权力、利益的诱惑，才能在面对各种风险和挑战时保持冷静的思维和清醒的头脑，作出合理的选择和正确的判断，不做损害国家利益、民族利益、集体利益的事情。

（四）道德行为

道德行为是主体在一定的道德认知、道德情感、道德意志的影响下表现出来的对待他人和社会有道德意义的实践活动，是一个人道德品质的外在表现。道德行为以道德认知为前提、以道德情感为内在动力，以道德意志为衡量标准。

大学生要想塑造规范的道德行为，首先要有正确道德认知为基础和指引，其次要有积极的道德情感，不同的道德情感会产生不同的道德行为，再次要具备坚定的道德意志力，道德意志会约束个体道德行为的选择。

道德认知、道德情感、道德意志和道德行为四个要素互相制约、相互影响，共同构成了新时代大学生道德素养体系。

三、新时代大学生道德素养培育的理论基础

大学生道德教育要始终以马克思主义理论为指导思想，研究新时代大学生道德素养培育问题，也必须在马克思主义理论框架下开展。因此，要对马克思主义人的全面发展理论及青年道德教育理论进行研读，并以此作为新时代大学生道德素养培育的理论依据及方法论指导。此外，我国自古以来就是礼仪之邦，中华优秀传统文化中蕴含着丰富德育资源，为新时代大学生道德素养培育提供宝贵的借鉴。我国历届领导人高度重视青年道德教育，发表的重要论述为新时代开展大学生道德素养培育提供了思路和启发。

（一）马克思主义人的全面发展理论及青年道德教育理论

1. 马克思主义人的全面发展理论。人的全面发展理论是马克思主义理论中一个重要组成部分，也是马克思主义理论中永恒的话题。马克思认为实现人的全面发展是人类社会发展的奋斗目标和最高价值追求，只有实现了人的全面发展，才能真正实现人类的幸福和社会的进步。马克思主义人的全面发展理论包含四个方面的内容：

第一，人的需要的全面发展。在马克思看来，人有生产劳动、科学研究与艺术创作和自由而全面发展三个层面的需要，三个层次是逐渐递进的关系。其中，生产劳动的需要是最基本的生存需要，科学研究与艺术创造以及自由全面发展的需要属于高层次的社会需要。第二，人的能力的全面发展。在马克思看来，人的能力包含人的体力和智力、个人能力和集体能力、自然能力和社会能力、潜在能力和现实能力四个方面。马克思认为人的能力的全面发展是实现人的全面发展的前提条件和关键因素。第三，人的社会关系的全面发展。马克思主义认为人是社会中的一分子，不能孤立于社会关系而独立存在，不仅人的实践活动离不开社会关系，并且人的能力也只能在社会关系中才能得以体现。第四，人的个性的全面发展。人的个性是在具体的实践活动和不断变化的社会关系中形成的，人的个性往往在和社会关系中的其他个体对比中体现出来。

2. 马克思青年道德教育思想。马克思、恩格斯及列宁均对青年道德教育作过相关论述，由此构成了马克思青年道德教育思想。其中，社会公德、家庭美德和个人私德构成了马克思主义青年道德教育的基本范畴。无论是马克思、恩格斯还是列宁都清楚地意识到青年在社会发展、变革和实践中的重要地位和作用，并明确指出青年所受的教育决定着人类未来的发展。马克思主义既重视青年道德教育，也强调道德实践的重要性，要求在道德实践中培养广大青年艰苦奋斗的优秀品德，在革命斗争中体现平等、友爱、互助的精神。

马克思主义关于人的全面发展理论与青年道德教育理论为今天大学生道德教育提供了理论来源和借鉴价值。新时代大学生道德教育是一项时代发展需求与大学生自我需求的道德教育，其目的是实现大学生的全面发展。

（二）中国优秀传统道德教育思想

中华民族自古就有崇德重德、尚德倡德优良传统，重视个人道德品质的养成，提出的崇德修身、立德修身、修身齐家治国平天下等道德思想在我国传统文化中具有至高的地位，是支撑中华民族坚毅前行的丰厚精神滋养和强大精神动力，无论对于个人和家庭，还是对社会和国家都有重要意义和价值。同时，也非常强调道德教化在个人道德品格形成中的作用，《大学》开篇就提出"大学之道，在明明德"，把"明德"摆在了极其重要的位置，强调了道德教育在教育中的重要位置。

中国传统道德思想中的立德、修身思想是提升个人道德涵养的基本途径，是实现人生价值与塑造完善人格的根本，对大学生成长成才和道德品格的形成和完善具有重要的意义。因此，新时代大学生道德素养培育要深入挖掘中华优秀传统文化中深厚的哲学思想，以传统道德文化为立足点，用中华优秀传统文化中的立德修身思想提升新时代大学生道德素养，通过借鉴自省、慎独、克己、力行等传统修身方式加强新时代大学生道德素养培育。

（三）中国特色社会主义青年道德教育思想

中国特色社会主义青年道德教育思想是中国共产党在革命、建设和改革过程中经过不断探索逐步形成和发展起来的。

毛泽东认为广大青年是中国共产党的中坚力量，是推进中国革命前向进的先锋队，对广大青年寄予了厚望，围绕青年道德教育发表了许多论述，勉励广大青年为人民谋求更大的幸福而奋斗。改革开放后，为了实现"四个现代化"目标，邓小平提出了有理想、有文化、有道德、有纪律的社会主义"四有新人"观，并把培养"四有新人"作为社会道德建设的根本任务。胡锦涛认为青年道德教育的核心是解决青年的思想、立场、观点等问题，实现青年的全面自由发展。

习近平青年道德教育思想是习近平总书记在继承马克思青年道德教育思想，汲取中国优秀传统道德教育思想以及发扬中国历代共产党人青年道德教育思想的基础上，立足中国基本国情，结合新时代中国发展形势提出来的。习近平总书记的青年道德教育思想内容广泛，既包含了青年道德理想、青年公民道德、青年家庭美德，也包括青年网络道德和生态道德，为新时代大学生道德素养培育提供了重要的理论借鉴。

（四）班杜拉社会学习理论

班杜拉社会学习理论是由美国心理学家阿尔伯特·班杜拉提出的，被认为是现代西方具有代表性的理论。该理论主张，人的学习是通过观察他人的行为、语言和情境来进行的，学习不仅仅是个人自我认知的过程，而且可以通过与他人交互和社会文化环境的影响来实现。班杜拉社会学习理论包含三个主要内容，三元交互决定论、观察学习论和自我效能论。三元交互论认为人的道德认知、道德情感、道德意志和道德行为受行为、主体、环境三要素的影响。观察学习理论是班杜拉社会学习理论最核心的内容，指的是个人可以通过直接观察或间接观察他人的行为、语言和情境进行学习。

班杜拉社会学习理论对教育学、心理学和社会学等领域都具有一定的影响和意义，它强调了社会环境和交互对学习的重要性。新时代大学生道德素养可以通过交互学习、观察学习的方式得以塑造，强调的是内外兼修的过程。

（五）塔尔德社会模仿理论

塔尔德认为整个社会都是个人之间的互动，模仿是社会最基本的关系，社会就是由于个人之间相互模仿、交流、传播的活动。塔尔德社会模仿理论认为，个体在学习和适应社会行为规范时，会通过模仿那些成功的、受尊敬的、有权威的人的行为来获得社会认同感和归属感。塔尔德认为社会的模仿是下层人士向上层人士的效仿，并且模仿级数是以倍数增长，个体对本土文化与行为方式的效仿是要优于外来文化及其行为习惯。塔尔德社会模仿理论为新时代大学生道德素养培育提供了思路：要充分重视和发挥道德榜样、社会正能量在大学生道德素养培育中的作用，让青年大学生乐于亲近、模仿道德榜样。

第二节　新时代大学生道德素养培育的价值意蕴及现状分析

习近平说："人而无德，行之不远。"① 新时代加强公民道德建设，是全面建设社会主义现代化强国的战略任务，是满足人民对美好生活向往的积极回应，是促进人的全面发展的必然要求。

大学生是社会主义道德建设的主力军，是崇德向善践行者和引领者，面对文化多元化、道德观多样化、网络信息复杂化的严峻现实，唯有不断拓宽大学生思想道德教育渠道，加强大学生道德素养培育力度，才能贯彻落实好新时代公民道德建设重点任务和立德树人根本任务，培养出符合时代发展要求与大学生自我需求的德才兼备的时代新人。

一、新时代大学生道德素养培育的价值意蕴

（一）有利于大学生道德行为的塑造

良好的道德品质是人类社会永恒的追求，高尚的道德品质是个人顺利融入社会、维系和谐社会关系的根本前提。大学生作为影响民族进步和国家发展的希望群体，其道德品质直接关系到新时代公民道德建设的成效，影响到中国未来社会文明发展，因此是新时代道德教育的重点对象。然而，

① 习近平.之江新语［M］.杭州：浙江人民出版社，2007：8.

大学生属于既缺乏社会生活经验，又缺乏社会工作经验的"双缺群体"，心理发展尚未完全成熟，世界观、人生观、价值观处于"塑型期"，极易因为功利主义、个人主义、享乐主义等错误思想的影响而产生道德冲突或心理层面的道德困惑，进而产生不稳定的道德行为。因此，在新时代开展符合时代发展要求与大学生自我需求的道德教育，有利于大学生道德行为的塑造，有利于帮助大学生顺利地融入社会，适应多元化的社会环境，同时又能在多样化的社会生活中完善自我，最终实现个人全面发展。

（二）是贯彻落实新时代公民道德建设重点任务的基本要求

道德素养属于社会意识形态范畴，其构成要素会随社会经济的发展而不断丰富和完善。在全球化、信息化、数字化、智能化融合发展的今天，必然会赋予道德素养更多新的时代内涵和更高的标准要求。因此，为了顺应时代发展变化，紧跟时代步伐，2019 年 10 月，中共中央、国务院颁布了《新时代公民道德建设实施纲要》（以下简称《纲要》）。《纲要》的印发实施是对新时代、新形势公民道德建设新要求、新任务的积极回应，为推动新时代公民道德素养达到新高度、新境界、新要求提供了重要的价值规范，具有鲜明时代特征。

《纲要》明确指出要"不断提升公民道德素质，促进人的全面发展，培养和造就担当民族复兴大任的时代新人。"[1]肩负着时代发展重任的新时代大学生，毋庸置疑，其道德素养必须达到新时代公民道德建设的新要求和新高度，这既是公民道德建设的出发点和落脚点，也是培养时代新人任务的重要环节。因此，从此角度来看，大学生道德素养培育是贯彻落实新时代公民道德建设重点任务的基本要求。

---

① 中共中央国务院印发新时代公民道德建设实施纲要［N］.人民日报，2019-10-28（1）.

（三）是满足青年对美好生活向往的内在需要

进入新时代，我国社会主要矛盾发生了转变，新时代的人们追求的不再是单纯的物质文化生活，而是更高层次的美好生活，这里的美好不仅是物质方面的美好，更多的是精神层面的美好，表达的是人民对更公平的教育、更优越的医疗、更稳定的社会保障、更美好的居住环境、更有尊严的工作等方面的追求和期盼。

同样，新时代青年大学生群体对美好生活的期盼显然不仅体现在对科学理论文化知识上的渴望和追求上，还体现在对个人内在修养、道德涵养的自我超越和追求上。习近平总书记在纪念五四运动 100 周年大会上勉励中国青年："不断修身立德，打牢道德根基，在人生道路上走得更正、走得更远。"① 新时代，大学生不仅是美好生活的共享者，更是美好生活的创造者。道德是美好生活的基础和灵魂，培养新时代大学生的道德素养是满足青年大学生对美好生活向往的内在需求。

二、新时代大学生道德素养的现状分析

党的十八大以来，以习近平同志为核心的党中央站在国家治理体系和治理能力现代化的战略高度，对公民道德建设作出一系列重要部署，推动公民思想道德建设取得显著成效。在教育领域，我们党历来高度重视"以德育人"教育理念，始终把德行教育摆在学校教育的突出位置，把促进学生的德行成长作为学校教育的首要任务。在深刻认识和把握新时代中国特色社会主义教育发展规律的基础上，党的十八大首次发出了"坚持把立德树人作为教育根本任务"的时代号召，党的十九大、二十大又进一步提出落实立德树人根本任务的要求。2012 年至今，总书记多次走进学校与师生

---

① 习近平. 在纪念五四运动100周年大会上的讲话 ［N］. 人民日报，2019-04-30（2）.

座谈，深刻阐述立德树人的重要意义，要求各个学校全面贯彻落实立德树人根本任务，办好人民满意的教育，要求教师承担好教书育人、以德育人的神圣职责，加强学生思想政治教育、思想品德教育和社会主义核心价值观教育。

在青年大学生群体中，一方面，随着文明程度和道德品质的整体提高，"最美大学生""文明大学生""大学生道德之星"等道德模范学生不断涌现，展现了新时代大学生良好的道德风尚；另一方面，在经济全球化深入发展，新思想风起云涌，多元价值强力冲击的现代社会，大学生群体中不同程度存在着诸如考试作弊、学术不端、诚信缺失等道德失范以及网络暴力、网络诈骗、沉迷网络游戏等网络道德失范现象，使得大学生的道德素养备受诟病，令社会担忧。在此，我们从正反两个方面呈现新时代大学生道德素养的整体状况：

（一）新时代大学生道德素养良好现状

新时代大学生在社会主义核心价值观的引领下，有高尚的道德理想和正确的道德价值观，在道德认知、道德情感、道德意志和道德行为等方面呈现积极向上的发展态势。

根据《中国大学生思想政治教育发展报告》[①]显示，新时代93.6%的大学生认为"雷锋精神并未过时"，96.6%的大学生愿意帮助跌倒的老人，91.1%的大学生愿意参加抗震救灾、山区支教、环境保护等公益活动。卢家楣对全国100所大学的12000余名大学生进行大样本调查[②]，显示大学生在道德情感上得分较高，说明了新时代大学生具有爱国、担当、感恩道德

① 沈壮海.中国大学生思想政治教育发展报告［M］.北京：北京师范大学出版社，2017：22-107.

② 卢家楣，刘伟，贺雯，王俊山，陈念劬，解登峰.中国当代大学生情感素质的现状及其影响因素［J］.心理学报，2017（01）：1-16.

素养。王丹对 2019 年度大学生道德观与道德行为状况调查显示，86.6% 的大学生明确表示向往成为社会道德模范或英雄。[①]

总体上看，新时代大学生能够明辨是非曲直，有较强的道德正义感和社会责任感，能够做到拾金不昧、诚实守信、乐于助人、尊老爱幼，积极参加社会公益活动，遵守社会公德和家庭美德，道德素养整体状况较好。

（二）新时代大学生道德素养突出问题

随着互联网和数字化技术的广泛普及，我们进入并生活在信息爆炸的时代。在信息量过载、多元价值强力冲击下，人们原有的道德观念发生了深刻改革，这一系列的改变给社会生活经验和社会工作经验双缺的大学生群体带来了前所未有的冲击，使大学生在道德认知、道德情感和道德行为等方面出现了一些问题，这些问题既不利于新时代公民道德建设目标的完成，也不利于立德树人根本任务的实现。

1. 道德认知偏差明显。道德认知是个体对社会道德规范的认识和理解，是道德素养中最基本的因素。道德认知影响着道德情感、道德意志力和道德价值观的形成，影响着道德行为规范的塑造。大学生道德认知存在偏差根源在于信息技术及其融合应用的快速发展。大学生在信息爆炸、多元思想、多元价值取向的迷惑下由于缺乏理性的鉴别力和评判力，极易陷入褒贬不一、真假混乱、是非颠倒的价值评价中，容易造成是非观，荣辱观混淆，正义感、责任感缺失等道德认知偏差，进而导致道德意志力动摇、道德行为失范。

2. 道德情感淡漠。道德情感属于个人道德意识的范畴，与个体的道德认知密切相关，深厚的道德情感往往会产生高度的道德自觉。大学生道德情感淡漠主要体现在对他人关心少，坐公共交通工具不让座、随地乱扔垃

---

① 王丹. 2019年度大学生道德观与道德行为状况调查分析［J］. 思想教育研究，2020（11）: 99-103.

圾、老人摔倒视而不见等方面。大学生道德情感淡漠主要基于以下原因：一是新时代大学生很多是独生子女，习惯以自我为中心，存在事不关己、高高挂起的心理，从而导致道德情感渐渐淡漠；二是在市场经济环境下，鉴于社会上曾经发生的扶老人反被讹诈的典型案例，大学生在道德行为践行中容易陷入两难境地，既希望遵守社会道德规范、争做新时代文明大学生，又希望保护自身利益，免受是非影响，于是，部分大学生选择了后者。

3. 道德行为失范。近年来，随着经济全球化的迅速发展，多元文化和思潮以及西方错误价值理念渗透到大学生群体中，利益至上、唯利是图等功利主义思想给我国大学生的价值取向和道德判断带来了极大冲击，导致部分大学生在多元价值、个人利益的价值取向迷惑下正义感责任感缺失、是非观荣辱观混淆，降低了对主流道德价值的认同，出现了价值多元、信仰动摇和行为失范等现象。比如，在现实生活中，浪费水、电、粮食现象经常发生，部分学生为了个人利益置社会道德于不顾，利用潜规则、走后门等方式为自己谋私利，考试作弊、简历作假、学术不端等行为屡禁不止，甚至有些助学贷款的同学到期不履行还贷义务。

（三）新时代大学生道德素养现实困境原因分析

马克思主义道德观认为，道德是在社会生产实践中产生和发展起来的，道德的形成受周围环境的影响。良好的环境有助于高尚道德品质的形成和塑造，不良的环境必然会影响和制约道德品质的形成与发展。同样，大学生的道德品质不是孤立的，与周围环境是联系和互动的，道德素养的培育离不开学校、社会以及家庭环境的熏陶。新时代大学生在道德认知、道德情感和道德行为上存在的突出问题主要反映出了社会、学校和家庭在教育理念、教育内容和教育方法层面上存在问题。

1. 教育理念上，理性超越情感。丰富的道德情感才能让道德认知变得有温度、有生机、有活力，并会在此基础之上形成自由的道德意志、坚定的道德信仰，规范的道德行为。当前大学生道德素养培育强调理性化、规范化、标准化教育，忽略了情感的重要性，在一定程度上压抑了学生主动性、积极性、创造性的发挥，影响大学生对真善美的传递和发扬，这种情感淡漠的教育理念也导致了现代公民一定程度上的道德冷漠。

2. 教育内容上，重知识轻道德。影响大学生道德素养的塑造与提升的另一个重要因素在于，人们忽略了教育在塑造人的精神品格与促进人的全面发展中的作用，甚至把教育当作获得财富与地位的有效途径。在竞争和内卷如此严峻的今天，无论是社会、学校、家庭还是大学生个人只是看重知识传授和技术训练，而忽视了道德素养的培育和提高。是否容易就业，是否有利于职业的选择，能否获得高薪报酬成为很多家长、学生在专业选择上的重要考量因素，因此在专业选择上诸如经济学、计算机、会计、法律、医学等实用学科更受青睐，而人文、历史、哲学等学科往往被很多家长和学生认为是没用的学科。

3. 教育方法上，传统单一。新时代的大学生是在集万千宠爱于一身的家庭环境中成长起来的，他们思维模式单纯，感性超越理性，对是非、善恶、美丑、真伪的鉴别力和评判力不稳定，又正处于道德价值观塑形的一个关键期，亟待沉浸式的道德教育和引导。家庭、学校与社会作为道德教育的重要场域，在教育方法上存在同一个问题，喜欢以道德说教为主，缺乏体验式、沉浸式教育，从而导致德育效果大打折扣。家庭道德教育中，家长是教育主体，孩子是被教育的对象；学校教育中，老师占据教育的主导地位，将道德禁锢在课堂之上，概念化、空洞化的道德说教无法唤醒学生对真善美的追求与向往；社会教育中，政府担任着道德教育的主角，往往居高临下，枯燥无趣的宣传内容与过于强硬的实施手段使得道德教育难以直击大学生心灵深处。

第三节　新时代大学生道德素养的提升策略

马克思指出："只有在共同体中，个人才能获得全面发展其才能的手段。"① 提升大学生道德素养不仅是一项长期复杂工程，又是一项系统的工程，需要在良好的社会、学校和家庭氛围格局中实现道德由内化到外化转变的过程。因此，新时代提升大学生道德素养需要构建以高校立德树人引领为重点，优良家风培育为基础，良好社会道德环境为支撑的培育体系。

一、新时代大学生道德素养培育的着力点

道德的内涵以及道德素养构成要素随着时代的发展和要求而不断变化。在全球化、信息化、数字化、智能化深入推荐、融合发展的今天，赋予了道德素养更多新的内涵和要求，因此，新时代道德素养的培育既要适应大学生个人成长发展需求又要符合时代发展要求，着重强调以下几个方面内容：

（一）社会责任感和公民意识的培育

现代社会的发展要求大学生具备较高的社会责任感和公民意识，能够主动承担社会责任，积极投身于社会发展和进步，为社会和国家作出积极的贡献。大学应该通过教育、实践和引导等方式，让大学生深刻认识到自己的社会责任和使命，具备批判性思维和独立思考的能力，理性思考和判断社会问题，并能够积极参与社会公共事务。

---

① 中共中央马克思恩格斯列宁斯大林著作编译局.马克思恩格斯文集：第一卷［M］.北京：人民出版社，2009：570.

（二）道德信仰和人文素养的培育

现代社会的竞争压力和发展速度很快，大学生应该具备坚定的道德信仰和良好的人文素养，能够在工作和生活中保持正义、公正、忠诚、诚信的品德，有良好的自我约束和自我修养能力。大学应该重视人文教育，培养大学生的审美情趣、人文关怀和文化素养，提高大学生的综合素质。

（三）专业道德和职业素养的培育

在职业发展方面，大学生应该具备专业道德和职业素养，有专业知识和技能，能够在工作中遵循职业道德和职业规范，具有正确的职业选择和职业规划能力。大学应该注重职业教育，引导大学生了解自己的专业特点和职业要求，提供实践机会和职业指导，培养大学生的职业素养和职业发展能力。

（四）科技道德和信息素养的培育

在信息化和数字化时代，大学生需要具备科技道德和信息素养，能够正确使用和管理信息技术和网络资源，具备良好的信息安全意识和隐私保护意识，遵循网络公德和网络法律法规。大学应该注重信息素养教育，让大学生了解科技道德和网络文化，引导大学生正确使用信息技术和网络资源，加强网络安全意识和网络风险防范能力。

二、新时代大学生道德素养提升策略

（一）以立德树人引领高校道德建设创新发展

十年树木，百年树人。道德是人才的根本，道德教育是培养人才的关键，高校作为培养德才兼备时代新人的主要阵地，应充分认识到新时代大学生道德教育的重要性、迫切性，理性地思考道德教育存在的问题，有针对性地破解大学生道德困惑和价值冲突，贯彻落实立德树人教育根本任务，在坚持社会主义办学方向上真正做到为党育人、为国育才。

1. 优化思想政治理论课的培育能力。思想政治理论课是落实立德树人的关键课程，因此，面向青年大学生传授道德知识，强化大学生对真善美的追求是思想政治理论课不可推卸的责任和义务，并且思想政治理论课的课程属性也决定了其相对专业课程而言更易于开展道德教育。但是需要强调的是，有实效的道德教育不只是简单的道德知识的灌输与传授，也不只是对善与恶，好与坏，丑与美、是与非进行简单的道德评价，教师要做的是"主体内在精神、内在需要的激发者"①，教师要做的是"将个体从有限的本体世界中解放出来，建构其意义世界，使其获得无限和自由"②。因此，要真正挖掘出德行的光辉，让道德教育散发出内在魅力，取得立德树人之实效，思想政治理论课教师要注重启发式教育和引导，一方面要关注学生的主体需要，深入了解大学生的所思所想，在与学生平等对话中产生道德情感共鸣，激发道德自觉，最终实现由道德他律向道德自律的转变和升华；另一方面，道德教育内容的渗透既要有温度，又要接地气，既要符合大学生的利益需要和现实需要，通过引入发生在学生身边，具有时代特征的鲜活、生动的案例来引起学生对自身行为的反思，又要及时回应和解答大学生的道德困惑和价值难题，唯有这样才能激发大学生对道德价值追求的积极性，才能保障大学生避恶向善的道德选择，从而实现从小善向大善的无限趋向。

2. 以德育教育为核心构建课程思政新体系。道德教育不能单打独斗，单纯依靠思想政治理论课是无法完成大学生德育工作。近几年，为了更好完成思想政治教育意识形态教育使命，课程思政作为一项重大教育改革受

① 王枏. 论道德需要与道德教育［J］. 教育科学，1998（02）：45-48.
② 许敏. 道德教育的人文本性［D］. 南京：东南大学，2008.

到了教育领域的热捧。课程思政作为思想政治教育在专业课程中的延伸和补充，是实现"三全育人"的重要载体。教育部2020年印发的《高等学校课程思政建设指导纲要》规定："课程思政建设内容要围绕政治认同、家国情怀、文化素养、宪法法治意识、道德修养等重点优化课程思政内容供给。"落实立德树人根本任务是每一个高校教师的职责和使命，因此，专业课教师要深入挖掘所授课程体系中蕴含的德育元素，结合专业课课程属性，把新时代公民道德建设的内容和要求有效地融入课程教学中，让大学生在专业课学习中实现理论素养、道德品质的同步提升，真正实现专业课程与思政课同向同行，协同育人之目的，这既是实现立德树人的题中之义，也是实现三全育人教育理念的重要路径。

3. 让隐性教育在大学生道德素养培育中彰显力量。有效的道德教育需要在外在规范性教育和内在素养培育之间产生良性互动。一味空洞的理论灌输和枯燥的规范性教育难以渗透到学生心灵深处，难以真正触动学生灵魂，甚至适得其反。因此，高校要积极探索隐性教育在大学生道德素养培育中的张力，充分发挥环境育人作用，加强校园文化建设，努力营造良好的道德氛围，依托校园环境和校园文化等隐性道德教育资源，打造符合青年思想、心理特点的系统化、沉浸式的道德生态环境，让青年产生强烈的道德情感体验，以达到润物无声、春风化雨、潜移默化之效果。比如利用学校教学楼、图书馆周边的宣传栏放置大学生行为准则等规范，借助校园广播，校园网，学校官方微信、微博、抖音等平台惩恶扬善，让学生在积极的舆论导向中逐渐培养知行合一、止于至善的道德自觉。

（二）以优良家风夯实家庭道德教育基础

家庭环境是子女道德品质养成的基础环境，家庭成员的道德认知、道德情感、道德意志、道德行为是影响大学生道德品格塑造的直接因素，因此，要重视家庭道德教育，以优良家风夯实家庭道德教育基础。

1.重视家庭道德教育，让孩子在耳濡目染中提升道德素养。一个人的道德品质不是生而有之的，是在后天的学习和实践中慢慢形成的，个人成长环境在道德品质养成过程中的具有重要影响。因此，每一个家庭要把道德教育作为家庭教育的重中之重，作为孩子成长过程中重要一环，贯穿孩子整个成长过程。

父母是孩子的最亲近的老师，对孩子而言父母言传身教是家庭道德教育的最佳方式。在日常生活中，家长要以身作则、言传身教，以潜移默化、润物无声的方式引导孩子树立正确的世界观、人生观、价值观，塑造高尚的道德品格。借助家庭特定场景进行引导式教育，向子女传递道德价值观。除此之外，要积极创建和谐的家庭氛围，处理好家庭成员关系、邻里关系，家长在大学生面前树立良好的榜样，做到孝敬父母、夫妻和睦、子女关爱，真诚对待朋友，通过家庭熏陶，影响大学生的思想道德的形成和塑造，让子女在耳濡目染中感受道德的魅力。

2.构建优良家风。家风蕴含着整个家族奉行的道德范式，具有强大的精神动力和约束力。优良的家风决定着整个家庭的兴旺美满，也关系着社会安定团结。习近平总书记在 2016 年第一届全国文明家庭表彰大会上呼吁"广大家庭都要弘扬优良家风"[1]。良好家风是影响大学生道德品质养成的重要外部因素，构建优良家风对大学生道德品质进行浸润滋养是重要的培育途径。

（三）以优良道德环境筑牢社会道德教育根基

1.发挥道德榜样的示范引领作用。伟大时代呼唤伟大精神，崇高事业需要榜样的引领。道德榜样作为传播正能量的代言人，以其特有的激励、示范、价值功能对社会道德风尚以及大学生道德素养有着不可比拟的正向

---

[1] 习近平.在2016年第一届全国文明家庭表彰大会上的讲话［N］.人民日报，2016-12-12.

影响。

　　道德榜样不仅是社会的精神领袖，更是社会的道德守护者和引领者，他们的言语和行为代表了社会的良好风尚和文明素质。他们高尚的道德观念、人格魅力会对大学生产生强大的影响力和感染力，有助于大学生树立正确的道德观念和行为准则，是大学生的道德学习楷模。因此，高校思想政治教育工作者要重视道德榜样对大学生道德素养的正向影响，深入挖掘道德榜样精神内涵，运用榜样精神资源对大学生开展德育教育，调动大学生对道德榜样的精神价值认同。开展有效的道德榜样活动和，以富有感染力、吸引力和时代性的方式开展道德榜样宣传形式激发大学生效仿学习道德榜样的热情，形成一种见贤思齐道德培育氛围。

　　2. 用社会主义核心价值观引领大学生道德教育。习近平总书记指出："核心价值观，其实就是一种德，既是个人的德，也是一种大德，就是国家的德、社会的德。"① 社会主义核心价值观是中国特色社会主义的精神支柱，是国家的根本价值观和当代中国社会的主流价值观，也是当代中国的国家价值目标、社会价值准则和公民价值规范。帮助大学生形成正确的世界观、人生观和价值观，在道德行为上保持正确方向和目标。

　　新时代大学生是国家未来的栋梁之材，高校思想政治教育工作者要教育新时代大学生深入学习和掌握社会主义核心价值观的深刻内涵，引导学生把社会主义核心价值观作为明德修身、立德树人的根本遵循，在日常生活中做一个社会主义核心价值观忠实践行者，把"爱国、敬业、诚信、友善"的价值理念体现到现实生活、工作和学习中。

　　3. 以中华优秀传统美德涵养大学生道德价值观。2017 年中共中央办公厅、国务院办公厅印发的《关于实施中华优秀传统文化传承发展工程的意

① 习近平在北京大学师生座谈会上的讲话 ［EB/OL］.［2014-05-05］. http://edu.people. com.cn/n/2014/0505/c1053-24973276.html.http://edu.people.com.cn/n/2014/0505/c1053- 24973276.html.

见》明确提出："把中华优秀传统文化全方位融入思想道德教育……"党的十九大强调，要深入挖掘中华优秀传统文化蕴含的道德规范，结合时代要求继承创新。中华优秀传统文化是中华民族在几千年发展历程中积累的宝贵精神财富，蕴含着丰富的道德理念和评判是非曲直的道德价值标准，具有宝贵的育人价值。因此，今天的道德素养培育要深入挖掘中华优秀传统文化中蕴含的德育资源，在"融入"上进行研究和思考，在古与今、传统与当代上积极寻找契合点。

新时代开展大学生道德素养培育，一方面以中华优秀传统文化为着力点，大力弘扬中华传统美德的精髓，将积淀和传承了数千年的中华优秀传统文化中的谦和好礼、爱国爱民、自强不息、克己慎独等道德理念融入大学生思想政治教育中，作为新时代大学生最基础的道德价值标准；另一方面，积极探寻传统道德文化与当代道德价值观念的契合点，以展现中华传统文化时代价值和永恒魅力。

三、新时代大学生道德素养培育新视野

开展公民道德教育要立足于我国基本国情，围绕国家发展大局。进入新时代，我国在方方面面发生了深刻变革，新时代的到来必然对公民的道德品质有更多新的期待，更高新的要求，2019年《纲要》的颁布让公民道德教育开启了新篇章。

（一）新时代大学生道德素养培育的新要求

《纲要》立足于新的历史方位，把网络道德教育作为公民道德教育重中之重，把与生态伦理相适应的道德教育提上新高度，对公民网络道德素养和生态伦理素养提出了新要求，因此，新时代大学生道德素养培育要着重强调这两点。

1.重视网络道德教育。随着信息化时代的到来，互联网以惊人的速度渗透到人们学习、生活和工作的各个角落，并且以极其惊人的力量改变着世界的面貌，改变着人们的生活方式和思维方式。当我们还沉浸在网络带给我们刺激、快乐、便捷及无限可能性，尽情享受着网络"饕餮大餐"的时候，网络意识形态、网络诈骗、网络暴力、网络伦理道德等复杂的网络问题气势汹汹、乘虚而入。如何运用好、治理好互联网，让互联网更好地造福人类已成为政府需要研究和思考的重要命题。因此，在新时代加强公民网络道德教育是网络社会化发展的必然需求。

被喻为"互联网原住民"的青年大学生与互联网融合度极高，其思维模式、价值判断、情感态度和行为方式深受网络影响。因此，面向大学生开展网络道德教育，培育大学生网民绿色、健康的网络心态，使青年大学生能够网络空间中张弛有度、出入自由，是时代赋予高等教育、思想政治教育的一项新使命、新要务。

2.重视生态道德教育。党的十八大以来，以习近平同志为核心的党中央高度重视生态文明建设，坚持绿色发展理念，将生态文明写入宪法，将"两山论"写入党章。绿色发展是现代文明的标志，是美好生活的基础，是新时代亿万人民的共同期待，新时代公民生态道德教育是生态文明时代的深切呼唤。

大学生作为未来和谐社会建设的主力军，肩负着实现人与自然和谐共生的重任，因此，在新时代开展大学生生态道德教育是大学生道德素养培育不可缺少的内容，旨在引导大学生站在道德制高点重新思考自然的内在价值以及人与自然的内在关系，帮助大学生树立新的生态价值观，构建"人与自然是生命共同体理念"，真正做到敬畏自然、关爱自然、尊重自然、顺应自然和保护自然，实现人与自然和谐共生。

（二）新时代大学生道德素养培育的新内容

《纲要》明确指出"要引导全体公民明大德、守公德、严私德"，因此，新时代大学生道德素养培育必然要置于大德、公德、私德的体系框架之下开展。

1. 明大德。"养大德者方可成大业"。大德是根本、是方向、是灵魂，只有明大德，才能守好公德，律严私德。新时代大学生要做到"明大德"，首先要有坚定的理想信念、深厚的爱国主义情怀和全心全意为人民服务的意识。因此，新时代大学生道德素养教育必然要包括理想信念教育、爱国主义教育和为人民服务教育三个重要内容。

2. 守公德。公德就是个体作为社会公民在参与社会公共生活时应该具备的基本道德，主要包括职业道德和社会公德两个方面的内容。公德是公民安身立命之根本、社会良序之必需，因此，新时代加强大学生职业道德教育和社会公德教育具有重要价值。职业道德是大学生走出学校、走进工作岗位应该遵循的行为准则，包括了"爱岗敬业、诚实守信、办事公道、热情服务、奉献社会"等新时代职业道德要求。大学期间对大学生开展职业道德教育能够让学生在未来更好适应工作需求，在工作岗位上更好展现自我，实现人生价值。社会公德是公民在社会公共生活和人际交往中必须遵循的行为规范和道德准则，包含了文明礼貌、助人为乐、爱护公物、保护环境、遵纪守法等内容。

3. 严私德。私德就是个人作为独立的个体应该具备的基本道德。严私德就是严格要求自己的行为与操守。私德教育主要包括个人品德和家庭美德两个方面的教育。新时代大学生一是要具备良好的个人品德，积极践行《纲要》提出的"爱国奉献、明礼遵规、勤劳善良、宽厚正直、自强自律"个人品德的要求；二是要具备家庭美德，做到尊老爱幼、男女平等、夫妻和睦、勤俭持家、邻里互助。

结 语

提高道德素养对大学生有着重要作用。道德素养的提高可以帮助大学生树立正确的人生价值观，具备正确的价值取向，遵循正义和良知，从而更好地适应社会发展的需求。道德素养的提高可以增强大学生的社会责任感和使命感，让他们在遵循个人利益的同时，关注社会公共利益，积极投身于社会公益事业，为社会发展作出贡献。道德素养的提高可以使大学生形成健康的心态和人格，具备良好的信仰和人际交往能力，从而更好地面对挫折和困难，展现出自己的优秀品质。道德素养的提高可以促进良好的社会风气，培养诚信、公正、勤奋、团结、互助等良好的社会价值观和道德风尚，从而更好地维护社会的和谐稳定。道德素养的提高可以增强大学生的职业道德意识，帮助他们在工作中具备诚信、尽责、认真、负责的工作态度，从而提升就业和职业发展的竞争力。

总之，提高道德素养对大学生的发展和成长有着十分重要的作用。大学应该重视道德教育，注重实践性、针对性和实效性，开设道德与法治、职业道德等课程，引导大学生正确的道德价值观和良好的行为习惯，使他们成为社会主义现代化建设的积极参与者和建设者。

第四章

法治素养：核心素养的必备

党的十八大以来，以习近平同志为核心的党中央从国家长治久安和人民幸福安康的战略高度谋划法治建设和依法治国。党的十八届四中全会作出《中共中央关于全面推进依法治国若干重大问题的决定》（以下简称《决定》），全面部署依法治国；党的十九大报告提出了"提高全民族法治素养和道德素质"[①]的时代要求；二十大报告围绕法治建设进行专章论述和部署。

新时代大学生是优秀青年群体的代表，是国家和社会发展的宝贵人才，具有无限的发展潜力，大学生法治素养是推进全面依法治国重要实践进程中不可忽略的关键因素。提升大学生法治素养不仅是培养德法兼修时代新人的题中之义，而且还关系到法治中国建设的顺利推进。

第一节　新时代大学生法治素养的内涵及其核心构成

一、新时代大学生法治素养的内涵

正确的理论指导是开展研究的基础和前提，在探讨新时代大学生法治

---

① 习近平. 决胜全面建成小康社会 夺取新时代中国特色社会主义伟大胜利——在中国共产党第十九次全国代表大会上的报告［M］. 北京：人民出版社，2017：22-23.

素养现状、培育意义、提升策略问题前，我们需要围绕主题对核心概念进行解读。除此之外，为了避免产生混淆，还需要对"法治""法律""法治素养""法治信仰"等相似概念进行区分。

（一）法治的内涵及与"法制"的区别

1.法治的内涵。对法治内涵的研究是社会主义法治理论体系的逻辑起点。国外对法律、法治的研究由来已久，可以追溯到古希腊"三贤"。苏格拉底有句经典名言，"人还没有找到自己的路之前，最好根据两个原则去走：法律和信仰"①，苏格拉底的思想对西方的法律研究产生了重要影响。柏拉图被称为西方早期最著名的法律思想家，在其《法律篇》提出了经典理论："如果法律服从于其他权威，那国家的崩溃也已为时不远了，而如果法律能够主导政府，那么形式也就充满希望。"②亚里士多德在老师柏拉图理论研究基础上提出了著名的"法治优于一人之治"命题，并在其著作《政治学》中对法治内涵作了经典阐释，他认为"法治应包含两重意义：已成立的法律获得普遍的服从，而大家所服从的法律又应该本身是制订得良好的法律"。③亚里士多德对法治经典的诠释为后世研究提供了重要的逻辑起点和理论支点。可见，早在古希腊时期，思想家们就专注于法治理论的探索，师徒三人的法治理念对后期西方的法学家和思想家产生了深远影响。

在我国，《辞海》和《现代汉语词典》均把法治解释为：依照法律治理国家。因此，部分学者把法治定义为依靠法律治理国家的一种手段。比如，学者孙国华认为法治要求政治民主和普遍守法。④张文显认为法律之治、

① ［德］君特·费格尔.苏格拉底［M］.杨光，译.上海：华东师范大学出版社，2016：37.
② ［古希腊］柏拉图.法律篇［M］.张智仁，译.上海：上海人民出版社，2001：6.
③ ［古希腊］亚里士多德.政治学［M］.吴寿彭，译.北京：商务印书馆，1965：199.
④ 孙国华.法制与法治不应混同［J］.中国法学，1993（3）：44-47.

人民主体、有限政府、社会自治、程序中立是法治基本标志。① 杨忠明认为法治是在民主基础上，尊崇法律至上，以法治国的一种理念和手段。②

还有一部分学者从法治的内涵理解法治。张文显从四个层面解读了法治的内涵，认为法治是一种治国方略或社会调控方式，与人治和德治相对应；是依法办事的原则；是良好的法律秩序；代表着某种具有价值规定的社会生活方式。③ 庞正认为法治是一种国家治理方略，赋予法律至高无上的权威，以完备的法律体系为主要工具，通过法律约束限制任何组织和个人的权力为本质特征，以保障公民权利和自由为基本目标，要求科学立法、严格执法、公正司法与全民守法。④

2. "法治"与"法制"的区别。在很长一段时间内，"法制"和"法治"两词经常被混同使用，在实践运用中，常有学者用"法制"一词表达"法治"的内涵。随着研究的深入及实践中一些问题的凸显，学者开始意识到两者的差异。

具体来说，"法制"和"法治"既有联系又有区别：首先，两者作为人类文明发展到一定程度的产物，相互联系和影响，一方面，法制是法治的基础和前提，只有建立完善的法律制度，才能推动法治建设，法治精神和法治理念通过法制彰显；另一方面，法治是法制得以实现的前提和保障。其次，两者内涵和外延不同。法制英文表达为 legal system，侧重点在"制"，即为法律制度或法律体系，是一个静态的概念，与国家政治制度、文化制度同属于制度范畴，关注的是按法律制度办事的秩序；法治英文表达为 government by law，与人治相对应，内涵较为丰富，既包含法制诸要

① 张文显. 论中国特色社会主义法治道路 [J]. 中国法学，2009（6）: 5-14.
② 杨忠明，何曾艳. 大学生法治素养提升的路径与方法研究 [J]. 学校党建与思想教育，2017（06）: 50-52.
③ 张文显. 法理学 [M]. 北京: 高等教育出版社，2003: 332-334.
④ 庞正. 法治概念的多样性与一致性——兼及中国法治研究方法的反思 [J]. 浙江社会科学，2008（1）: 67-73.

素，也包含法治理念、法治原则等内容，是一种治理理念和治国方略，强调依照法律治理国家，赋予宪法和法律至高无上的权威，强调法律面前人人平等原则。因此，有法律制度并不代表有法治，法治不仅需要"良法"，还需要"善治"。法治是社会文明进步的标志，是民主政治的必然要求，以维护广大人民根本利益为目标追求，与一个国家现代民主制度紧密联系，因此更加适合当今我国社会发展形势。

（二）法治素养的内涵

1. 法治素养概念的提出及内涵。法治素养这个概念最早出现在党的十八届四中全会审议通过的《决定》中。《决定》先后两次提到法治素养，但在此法治素养的对象是国家干部和部队官兵。在党的十九大报告中，习近平总书记首次提出"提高全民族法治素养"要求。显然，法治素养不仅是国家干部和官兵的基本素养，也是普通公民的基本素养。公民法治素养是公民素养的重要组成部分，提升全体公民法治素养是实现依法治国、推进法治中国建设的一个重要前提。

学术界对法治素养的研究始于 2002 年[①]，但在早期研究中，学者更习惯用"法律素质"表述，实际上"法治素养"是对"法律素质"的延伸。关于法治素养，不同学者有不同阐释。杨忠明与何曾艳从认知、价值取向、态度、信念四个层面解读法治素养[②]；李昌祖、赵玉林从认识、理解、运用和信奉四个方面界定法治内涵[③]；齐琳琳认为法治素养不仅包括法治教育层

---

① 郝建田. 法治社会执法者的法律素养 [J]. 山东人大工作，2002（2）：58.

② 杨忠明，何曾艳. 大学生法治素养提升的路径与方法研究 [J]. 学校党建与思想教育，2017（C6）：50-52.

③ 李昌祖，赵玉林. 公民法治素养概念、评估指标体系及特点分析 [J]. 浙江工业大学学报（社会科学版），2015（9）：297-302.

面的学法、知法和懂法，还包括法治的思维、理念和方式等内涵①。

2.法治素养与相关概念的区别。与法治素养比较接近的词有法律素养、法治信仰、法治观念等，在此我们需要弄清楚他们之间的区别与联系。

（1）法治素养与法律素养。法治素养和法律素养两个概念比较相似，都强调运用法律解决实际生活、工作和学习中产生的问题，但实际上它们具有不同的内涵和涵盖范围，一个侧重于对法治思想的理解和认同，一个侧重于对法律知识的掌握和运用。

我们可以简单把法律素养表达为：人们对法律知识的理解、态度和运用。因此，它既包括对法律法规基本知识的认识和掌握，对法律的尊重与认同，还包括在实践中对法律知识的运用。法治素养主要体现为对基本法律知识的掌握和实际运用。法治素养更侧重的是对法律的尊重和信仰以及对在日常生活中对法律规范的实践。

（2）法治素养与法律信仰的区别。法治素养和法律信仰尽管都与法律有关，对国家法治建设均具有积极的促进作用，但他们是两个不同的概念，具有不同的内涵。

法律信仰是个体在理性认识法律的基础上产生的对法律高度认同和信服的感性心理。它超越了对法律的认识和遵守，是人们发自内心对法律的信赖和对法律权威的尊重与认同，并在实践中将其作为最高准则不断践行。具有法律信仰的人相信法律是社会秩序和正义的基石，是解决争议和保障公民权益的最重要机制，倾向于通过法律途径解决问题，尊重法律程序和法律机构的决策，并努力维护和促进法律的公正和权威。

法治素养则是指一个人对法治理念的理解和尊重程度。它包括对法律的基本知识和原则的掌握，对法律制度和法治价值的认同，以及对法律规

---

① 齐琳琳.全面依法治国背景下大学生法治素养的提升［J］.中国高等教育，2016（13/14）：71-73.

范的遵守。具有较高的法治素养的人通常具备良好的法律意识和遵纪守法的品质，能够理解和尊重法律的权威性和普遍适用性，注重法律的公正性和稳定性，支持法律的实施和维护，自觉地去运用法律法规约束和规范自己的行为。

总的来说，法治素养强调对法律知识和原则的理解和遵守，是一种认知和行为的素质；而法律信仰则是对法律权威和价值的坚定信念，是一种价值观和信仰的表达。

（三）大学生法治素养的内涵

大学生法治素养除了具备公民法治素养的普遍性，又要体现大学生群体的特殊性。我们结合法治素养的构成要素和大学生认知规律，将大学生法治素养定义为：大学生通过学习法律知识、理解法律本质，运用法治思维、依法维护权利与依法履行义务的素质、修养和能力的总和。因此，新时代大学生法治素养是涵盖法律知识、法治观念、法治思维和法治行为等在内的综合体。

二、新时代大学生法治素养的核心构成

全面依法治国视域下公民的法治素养是法治认知、法治意识、法治思维、法治信仰、法治行为等各因素的高度统一。大学生作为祖国的新生代，是未来法治中国建设的后备力量，相比其他社会群体，应该具备更高的法治素养。大学生法治素养的提升不是一蹴而就的，需要历经法律知识学习、法治思维塑造、法治观念养成、法治行为践行等一系列过程，因此，结合教育教学规律和学生成长规律，把新时代大学生法治素养的基本构成概括为：基本的法律认知、严谨的法治思维、坚定的法治信仰和基本的用法能力四个方面。

（一）基本的法律认知

大学生掌握与法治中国建设和全面依法治国要求相适应的基础的法律知识是培育法治思维、养成法治观念、提升法治素养的重要基础和扎实根基，既是大学生个人成长的内在需求，也是法治中国建设的现实需求。基本的法律知识至少要包含以下几个内容：

1.中国特色社会主义法治理论。习近平总书记在中国政法大学考察时强调："没有正确的法治理论引领，就不可能有正确的法治实践。"中国特色社会主义法治理论是中国特色社会主义理论体系在法治领域的体现，是紧密结合我国改革开放和社会主义现代化建设实际，全面总结我国社会主义法治建设历史经验逐步形成的具有中国特色的法治理论。中国特色社会主义法治理论为我国全面开展依法治国，进行法治中国建设提供了重要的理论指导。新时代大学生要深入学习和掌握中国特色社会主义法治理论的思想精华，为提升法治素养奠定坚实的理论基础。

2.宪法知识。宪法是我国的根本大法，具有最高的法律地位、法律效力和法律权威。党的十八大以来，以习近平同志为核心的党中央通过设立国家宪法日、宪法宣誓制度等一系列有力措施加强宪法实施和监督力度。新时代大学生作为未来法治中国建设的核心力量，学习宪法知识、增强宪法意识、提升宪法素养是必须而又紧迫的。

3.实体法和程序法法律知识。在社会主义法治中国建设进程中，法律的权威性和至高无上性是确保法治实施的关键，严格依法办事更是依法治国的题中之义。加强法律与生活的关联性，了解公民基本权利和基本义务，学习刑法、民法典、行政法及诉讼法等实体法和程序法，掌握婚姻法、合同法、劳动法、消费者权益保护法等与大学生息息相关法律知识，对新时代大学生尤为重要，不仅可以帮助大学生端正和规范自己的行为，还有助于大学生保护自身合法权益。

（二）严谨的法治思维

　　法治思维区别于法律思维，虽然两者都是以法律规范为起点进行逻辑思考，但是法治思维作为一种治国理政的思维方式，蕴含着丰富的价值意义，是建立在法律认知基础上，将法治要求运用到认识和分析问题中，是一种用法治逻辑思考问题的方式。大学生法治素养培育是基于越来越多的校园违法事件的现实提出来的。虽然大学生具备一定的法律认知，但是从暴露出来的种种问题来看，对于法律认知没有敬畏之心，缺乏理性思考，多数大学生没有充分地理解法治的内在价值，所以作为法律精神层面的法治思维的培养尤其重要，这是一个由眼入心的过程。从社会层面看，虽然中国特色社会主义法律体系已经构建，但是在全社会形成良好的法治氛围还有很长的路要走。大学生作为国家法治建设的中坚力量，培养严谨的法治思维是新时代背景下对大学生法治素养的思维能力要求；从个人层面看，大学生缺乏社会阅历和实践经验，对于事物的认知不全面，一旦社会环境发生变化，大学生的价值判断就会受到影响，因此在大学生世界观、人生观、价值观形成的黄金时期，提升法治素养培养法治思维显得尤其重要。

（三）坚定的法治信仰

　　法治信仰是人们从情感角度发自内心地认同、信赖、尊重和捍卫法律。法律只有被信仰，才能获得生命。正如习近平总书记所强调："只有铭刻在人们心中的法治，才是真正牢不可破的法治。"[①] 新时代大学生是社会主义先进文化的代表者与引领者，是推动社会进步的栋梁之材和主要依靠，大学生对法治的真诚信仰、对法治事业的衷心拥护，是带动全社会形成遵法、守法、用法的良好氛围的引领者，最终将大力推进依法治国全面有序

---

① 中共中央文献研究室. 习近平关于全面依法治国论述摘编［M］. 北京：中央文献出版社，2015：121.

展开。因此，大学生群体的法治信仰程度也是衡量其法治素养的一项重要指标。

（四）基本的用法能力

基本的用法能力是运用恰当的法律知识对具体的法律关系和法律行为进行正确的判断，对被侵犯的权益进行救济的一种综合能力。可以简单理解为运用法律知识分析问题、处理问题、解决问题的能力，因而被认为是维护公平正义的重要手段。基本用法能力是大学生法治素养的关键内容和重要环节，大学生只有将法律知识、法治观念、法治信仰转化为法治行为，学会运用法律解决实际问题、保护自己合法权益才能更好地推动中国法治建设和依法治国。

基本的法律认知、正确的法治观念、坚定的法治信仰和基本的用法能力相互依存、相辅相成，有机构成了一个完整体系。其中，基本的法律认知是基础和前提，只有掌握了足够的法治知识才能形成正确的法治观念、坚定的法治信仰。大学生法治素养培育的关键是思想问题，培育的重点是如何把外在的法律知识和基本理论内化为大学生自身的认识、意识，并最终反映在其行为上。内化程度的高低直接反映出法治素养培育的有效程度，可以说内化的效果决定了大学生的外在表现，也决定了能否提升大学生法治素养。

第二节　新时代大学生法治素养培育的价值意蕴及现状分析

一、新时代大学生法治素养培育的价值意蕴

公民的法治素养是法治中国建设的根本，是推进全面依法治国的力量

源泉。新时代的大学生成长于多元且复杂的社会环境中，提升其法治素养具有特殊意义，不仅是时代的需求，也是全面依法治国的根本保障，是新时代高校法治教育的内在动力，亦是高校思想政治工作的重要课题。

（一）大学生法治素养培育是全面依法治国的根本保障

我们党历来重视法治建设，党的十八届四中全会对"全面推进依法治国"作出重大战略部署，党的十九大将"坚持全面依法治国"确立为新时代坚持和发展中国特色社会主义的基本方略，党的二十大报告提出"坚持全面依法治国，推进法治中国建设"，并围绕全面依法治国进行部署。实现全面依法治国，公民具有较高的法治素养是一个重要的前提和条件。

全面依法治国是促进社会和谐稳定，经济繁荣发展、提高人民生活品质的基础和前提，是促进社会公平正义，维护国家安全稳定的根本要求。全面依法治国关乎人民幸福安康，关乎国家长治久安。全面依法治国需要全体公民的共同参与和积极践行。新时代大学生肩负着历史使命，肩负着社会主义法治强国建设重任，青年大学生的法治素养"反映着一个国家的法治水平，关系着一个国家法治建设的成效"[1]。加强新时代大学生法治教育对全面依法治国具有重要的战略意义，提升大学生法治素养是依法治国的全面深化和更好实施的根本保障。

（二）大学生法治素养培育是新时代高等教育人才培养的基本要求

党的十八届四中全会提出："要将法治教育纳入国民教育体系，从青少年抓起。"[2]2016 年，教育部、司法部、全国普法办联合印发《青少年法治教育大纲》，对不同学段学生的法治教育目标提出了明确要求。在 2018

---

[1]　李光辉.当代中国大学生道德修养与法律素质探究［M］.重庆：西南师范大学出版社，2016：28.

[2]　中共中央关于全面推进依法治国若干重大问题的决定［N］.人民日报，2014-10-29.

年中央全面依法治国委员会第一次会议上，习近平总书记提出了"努力培养造就一大批高素质法治人才及后备力量"的要求。①

可见，培养德才兼备的时代新人是新时代国家对高等教育人才培养的期待和要求。高等教育只有将法治教育贯穿到人才培养目标，才能落实好立德树人根本任务，才能落实好新时代人才培养的基本要求，才能适应全面推进依法治国的时代要求。在此背景下，高校要进一步明确法治素养培育的方向，从现实要求出发，更好地引导大学生成为社会主义法治的忠实崇尚者、自觉遵守者和坚定捍卫者，为中国式现代化贡献力量。

（三）大学生法治素养培育是高校思想政治工作的重要课题

新时代大学生法治素养培育已成为高校思想政治工作的重要课题。一方面，法治不仅仅是共产党治国理政的一种手段和方式，也是国家在法治领域的一种理想信念和价值追求，是社会主义核心价值观的重要内容。法治素养不只是要求个人知法、学法、懂法、用法，更涉及个人的理想信念、道德素养和社会责任等方面内容。大学生是国家未来建设和发展的核心力量，只有具备良好的法治素养，才能尊崇法律、信仰法律、维护社会公平正义，从而在各自领域发挥更加积极的作用，为社会的和谐稳定和可持续发展作出贡献。因此，新时代大学生道德教育的目标追求在于培养德法兼修、有责任感和使命感的高素质时代新人，这也是新时代思想政治教育发展的新使命和新目标。另一方面，新时代大学生法治素养培育不能仅仅局限于传授法律法规基础理论知识上，还要结合政治教育、道德教育树立法治信仰，增强大学生的法治自觉。思想政治教育以一定的思想观念、政治观点、道德规范影响和教育广大学生，承载了多方面的教育合力，其中法治素养培育就是重要内容。

---

① 习近平.加强党对全面依法治国的领导［J］.求是，2019（04）：4-11.

二、新时代大学生法治素养现状分析

虽然我国法治建设取得了许多辉煌成就，但当前仍然存在许多问题尚未解决，一些学生缺乏对法治的基本认识，法律观念不够明确，法律知识储备不足，法治思维能力相对薄弱，法治意识不够强烈。这些问题主要表现在以下几个方面：

（一）大学生法律基础知识比较欠缺

法律基础知识是大学生法治素养的基础和前提，衡量大学生法治素养水平的第一个观测点就是评估大学生对法治知识的掌握程度。但从学者的调查情况分析，大学生法律基础知识掌握情况并不乐观。有学者在大学生法治素养培育的问卷调查中设置了"您认为自己是否了解法律知识？"的提问，25.5% 的大学生选择"不太了解"和"完全不了解"，仅有 21.7% 的同学选择"了解"及"比较了解"。[①]。这个数据表明大学生对法律基础知识的学习还有待加强和提升。有学者的问卷结果显示，46.8% 的学生了解《宪法》，但对于其他部门法和程序法的了解情况较差。还有的学者反映，大学生基本法律知识的获取途径主要是新媒体、传统媒体和课堂，大学生对《理想国》《论法的精神》《社会契约论》等法律名著的阅读情况不太乐观。[②]

（二）法治观念有待转变

法治是人类文明进步和社会文明发展的主要标志，法治的实施不仅需要完善健全的法律制度为基础，也需要公民树立正确的法治观念为保障。党的二十大报告提出了"深入开展法治宣传教育，增强全民法治观念"的

---

① 戴秀丽，程琳琳，王露霏.新时代大学生法治素养培育的现状分析及模式探究——基于四个维度的分析框架与调研数据［J］.思想教育研究，2022（8）：130-136.

② 司文超.大学生法治素养培育研究［D］.武汉：武汉大学，2020.

时代要求。但从现实情况上看，新时代大学生法治观念还有待提升。在"对大学生犯罪的处罚是否与社会其他人犯罪的处罚一样？"问题中，约16%的学生认为对大学生可以网开一面。在"有需要求助咨询的法律问题，你会首先求助于谁？"的问题中，25%的学生选择优先搜索媒体社交平台，而不是咨询律师及相关人士。[①] 由此可见，深入培育适应新时代需要的法治观念是必要且重要的。

（三）基本用法能力有待加强

基本用法能力是法治素养培育的最后一个环节，也是最重要的环节，大学生基本用法能力是评估大学生法治素养的一个重要的观测点。但是从问卷调查结果来看，新时代大学生基本用法能力仍需加强。比如，学者的问卷调查显示，42.2%的学生表示"很少"甚至"从未"运用过法律知识，近一半学生表示学习法律和真正运用好法律仍然存在难度。可见，很多同学不能达到知行合一，对法治知识的学习和掌握仍停留在学习和认知层面，并没有深入实际应用层面。

第三节 新时代大学生法治素养的提升策略

一、新时代大学生法治素养现实保障

大学生法制教育与新中国的法治建设相伴而生，共同发展。改革开放40多年来，随着国家法治建设的形成与不断深入，大学生的法治素养教育也从无到有，从法律教育到法制素质教育再到法治素养培育不断演变，不

---

① 戴秀丽，程琳琳，王露霏. 新时代大学生法治素养培育的现状分析及模式探究——基于四个维度的分析框架与调研数据［J］. 思想教育研究，2022（8）：130-136.

断发展进步的历程。尤其是党的十八大以来，在习近平法治思想的指引下，中国特色社会主义法律体系日臻完善，高校在不断推动思想政治教育工作高质量发展的同时，也不断加强和改进大学生法治教育，并将其融入思想政治教育框架中，国家法治宣传工作有效开展并取得了一定成绩，为新时代大学生法治素养培育提供了有力保障。

（一）习近平法治思想为新时代大学生法治教育提供了强大的思想指引

习近平法治思想是在中国特色社会主义进入新时代，世界百年之未有之大变局加速演进，国际国内环境出现超预期变化，我国日益走近世界舞台中央的关键历史时期提出来的。习近平法治思想具有非常丰富的内涵，涉及法治理论、法治实践等不同层面的内容，是指导当今中国进行法治建设的重要思想武器，[①] 是国家治理体系和治理能力现代化的重要推进剂。[②] 习近平法治思想的提出，为深入推进全面依法治国，加快建设社会主义法治国家，实现中华民族伟大复兴中国梦提供了科学的法治理论指导，为党和人民处理新时代法治问题提供了根本立场、观点和方法，同样，为新时代大学生法治教育提供了强大的思想指引和行动指南。新时代，高校要精准把握习近平法治思想作为根本指导思想的核心要义和实践要求，在习近平法治思想的引领下开展大学生思想政治教育和法治教育。

（二）中国特色社会主义法律体系日臻完善

党的十八大以来，我国立法数量大幅增加，中国特色社会主义法律体系随着时代发展，日趋丰富和完善。中共中央宣传部在 2022 年举办的"中国这十年"系列主题新闻发布会上介绍了"新时代立法工作的成就与进展"，截至 2022 年 6 月底，我国现行有效法律 292 件，行政法规 598 件，

①　莫纪宏. 习近平法治思想的法知识学特征分析［J］. 求是学刊，2021（1）：1-12.
②　张文显. 习近平法治思想的基本精神和核心要义［J］. 东方法学，2021（1）：5-24.

中国特色社会主义法律体系日趋科学完善。尤其是 2021 年 1 月 1 日起实施的共 7 编 1260 条《中华人民共和国民法典》是新中国第一部以法典命名的法律，开创了我国法典编纂立法的先河，具有里程碑意义。民法典正式实施后，民法领域的所有法律都被统筹至一部法典中，使得中国特色社会主义法律体系的框架结构更加科学、更加合理。

科学、完善、合理的法律制度是推进国家治理体系和治理能力现代化的重大举措，是全面推进依法治国的总抓手，也为新时代高校开展大学生法治教育提供了有力支撑。

（三）法治教育已成为高校思想政治教育关键内容

道德与法律始终是相辅相成共同地影响着思想政治教育，在培养德法兼修时代新人的今天，法治与道德有机结合具有重要意义。党的十八大之后，随着法治建设的全面推进和快速发展，国家对公民法治素养的期待和要求已经上升到法治理念、法治精神的高度，培养公民道德素养和法治素养显得同等重要。高校也愈加关注大学生的法治素养，重视大学生的法治教育，将法治教育纳入大学生思想政治教育工作体系，和思政工作同部署、同推动、同落实。比如，"思想道德与法治"（原"思想道德与法律基础"）课程是大学生步入大学校园第一学期学习的一门必修课程，它作为思想政治理论课课程，在大学课程体系中占据着重要的地位。"思想道德与法治"课主要围绕大学生成长关键期面临的思想、道德和法治问题，开展世界观、人生观、价值观、道德观、法治观教育。这门课程的开设对刚步入大学校门的学生来说至关重要，有助于正处在"形塑期"的青年大学生提升思想道德素养和法治素养。

高校除了通过"思想道德与法治"对大学生开展法治教育，还利用"国家宪法日"等重要时间节点开展宪法知识竞赛、演讲比赛、主题宣讲、学术讲座等法治主题教育，表明法治教育已经融入高校的思想政治教育框架中，提升大学生法治素养已经成为目前高校思想政治教育工作中重要的一项重要任务。大学生法治素养培育与大学生思想政治教育两者的无缝衔接对于加强法治权威、促进法治与道德教育统一至关重要。

（四）新时代法治宣传效果明显

党的十八大以来，习近平总书记围绕全民普法作出了一系列部署，要求大力开展法治宣传教育，把全民普法和守法作为全面依法治国重要工程，为新时代法治宣传教育工作指明了方向。在具体实践中，一是领导干部带头学法。各级各单位把习近平法治思想纳入干部学法用法计划，通过开展集中学习、专题讲座、以考促学、知识竞赛、集中培训等方式，增强从中央到地方各级领导干部学法的力度和深度，从而提升各级领导干部依法决策、依法行政的能力和水平；二是开展全民参与宣法。成立从中央到地方的普法讲师团，组织普法讲师团成员深入学校、农村、社区、企业等单位，大力开展普法宣传教育"进机关""进校园""进网络""进农村""进社区""进企业"等宣传活动，通过各种线上线下模式，营造了人人参与宣法、人人参与的学法的浓厚氛围，此外，还将法治教育纳入工作人员考核和国民教育体系中；三是各个高校利用网络平台开展"宪法知识问答"或者依托网络学习、考试等形式面向大学生开展电信诈骗、青少年权益保护等普法宣传教育活动。通过广泛的普法宣传教育，在全国上下形成了浓厚的宣法、讲法、学法氛围，不仅能让干部群众真正树立规则意识、法治意识，还可以让广大百姓在承担法律义务的同时，依法维护自己的合法权益，这些举措为新时代大学生法治教育提供了可靠的保障。

二、新时代大学生法治素养提升策略

新时代大学生法治素养培育是一项系统化工程，需要立足于习近平法治思想的总体要求，围绕立德树人根本任务，结合教育基本规律和大学生成长规律，构建学校、社会、家庭协同育人体系，最终实现法治中国建设、教育事业和思想政治教育同向同行。

（一）习近平法治思想：新时代大学生法治素养培育的宏观指引

习近平法治思想是新时代大学生法治素养培育的重要宏观指引，将习近平法治思想融入思想政治理论课是新时代开展大学生法治教育的重中之重。习近平法治思想具有深刻的理论、丰富的内涵和严密的逻辑，因此，思想政治理论课教师在授课过程中，应从多个视角探讨中国特色社会主义法治建设的一系列理论和实践问题，包括古今中外、理论研究以及具体实务，进一步深化学生对习近平法治思想的重要价值的认识。

习近平法治思想主要体现在 2020 年 11 月召开的中央全面依法治国工作会议习近平总书记提出的"十一个坚持"上，"十一个坚持"是习近平法治思想的精髓。因此，教师在授课过程要紧密结合"十一个坚持"，重点围绕如何正确理解党与法的关系，如何秉持原则建设社会主义法治国家以及"全面依法治国"战略的意义与价值等问题开展大学生法治教育。

1. 讲清楚党与法的关系。习近平法治思想强调了党对全面依法治国的领导，党是为人民利益而奋斗的政党，社会主义法治反映了人民的利益。因此，党的领导与社会主义法治是相辅相成的，两者共同为"全面依法治国"保驾护航。[1] 在教学中，特别要向学生正确阐明党与法的关系。党的领导是推进中国特色社会主义法治建设和"全面依法治国"战略实施的根本保证。具体而言，党的方针政策和社会主义法律制度本质上都是人民意志的集中反映。因此，要通过法律程序使党的方针政策上升为法律，进而通过法律保障党的方针政策得到有效实施。党的方针政策成为国家法律后，

---

① 殷啸虎. 习近平法治思想的时代意义 [J]. 毛泽东邓小平理论研究，2021（2）：13-20.

党的意志（人民意志）也就是国家意志，党必须在宪法和法律范围内活动。通过学习，学生深刻认识到党和法、党的领导和社会主义法治的高度一致性。在国家政治生活中，党要坚持依法治国理政，自觉维护宪法法律的尊严和权威。

2. 讲清楚如何秉持原则建设社会主义法治国家问题。一是坚持党的全面领导，党要成为守法的楷模，在法治建设中发挥领导核心作用；二是法治运行中必须依法保护人民的合法权益，体现人民共同意志；三是坚持中国特色，结合中国基本国情和实践，推出新的马克思主义法治理论中国化成果。教学中，教师要对党的领导、人民利益和中国特色的概念进行深入阐述和分析，从多个角度向学生讲解中国特色社会主义法治道路和西方宪政体制的不同，突出中国特色社会主义法治道路的优势，引导学生摒弃错误思想，让学生清楚地了解社会主义法治国家建设原则和基本途径，以及中国特色社会主义法治道路的独特性。在教学过程中，教师要着重强调党对法治工作的高度重视和支持，以及体现人民意志的重要性。学生要深刻了解中国特色社会主义法治道路的历史背景，了解其独特性和优势，进一步深化对中国特色社会主义法治理论的认识和理解。

3. 讲清楚"全面依法治国"战略的意义和价值问题。习近平总书记高度重视法治在"为长治久安计，为子孙万代谋"的作用，强调"法治是治国理政的基本方式，依法治理是最可靠、最稳定的治理方式"。实施"全面依法治国"不仅能够保持我们党的执政思想和我国基本制度、体制的连续稳定性，而且还能真正实现全过程人民民主。此外，法治是推进国家治理体系和治理能力现代化的重要内核，能够大力促进国家治理的公信力和社会生活的和谐安定。

4. 讲清楚习近平法治思想的实践价值。习近平法治思想是在中国特色社会主义法治建设生动实践中形成和发展起来的科学理论，具有鲜明的时代特色和鲜明的实践导向。因此，在教学过程中，教师要向学生讲清楚习近平法治思想的现实价值和实践意义，善于运用习近平法治思想分析现实法治领域突出问题，特别是要结合中国法治建设的生动实践，结合社会热点问题和学生关心关注的难点、疑点问题阐释进行深入分析和生动阐释。此外，还要讲清楚党内法规与国家法律、法治与人治、国内法治与国际法治的关系问题。

总之，在大学生法治素养培育过程中，教师要以问题为导向，聚焦法治领域的各类突出问题，对学生进行正确的引导和解读，纠正大学生错误思想和错误认识，加强学生对习近平法治思想，对全面依法治国的认识和理解。

（二）高校：新时代大学生法治素养培育的主阵地

高校作为新时代大学生法治素养培育的主阵地，要紧紧围绕立德树人教育根本任务和新时代高等教育人才培养目标，结合学校发展实际和新时代大学生成长规律，将大学生法治教育贯穿到思想政治教育工作全过程。

1. 在新时代人才培养目标框架下探索大学生法治教育路径。随着中国特色社会主义进入新时代，中国高等教育也迈进了现代化建设的新发展阶段，培养创新型、复合型、应用型人才已成为新时代高等教育人才培养目标的总体要求。因此，新时代各个高校也要紧紧围绕立德树人教育根本任务，结合高等教育人才培养目标的总体要求，根据各个高校发展实际和专业特色，细化和完善本校人才培养方案。积极拓展人才培养目标的广度与深度，把培养既能够适应时代发展需求，又适应经济社会发展需求的高素质专业人才和创新人才作为高校人才培养目标的落脚点，把学生的学习力、思想力、行动力，政治素养、道德素养、法治素养以及使命感、责任感等内容纳入人才培养方案，让学生更好地将知识、技能和社会责任应用于新的复杂环境，以应对未来的挑战。因此，把大学生法治素养培育纳入高校人才培养目标，不仅是新时代对高等教育人才培养的要求，也是高等院校走高质量内涵式发展的必由之路。

2. 在依法治校中开展大学生法治素养培育。大学是学生学习科学文化理论知识和实现自我完善与发展的主要场所，也是融入社会的最后一道关卡。学生在学习期间所养成的思维方式、人际交往方式、行为方式一定程度上会影响其步入社会的状态。民主型、法治型校园管理模式的构建和运行有利于培育学生健康的社会人格和正确的法治思维。

2010 年 5 月审议并通过的《国家中长期教育改革和发展规划（2010—2020 年）》，第六十四条明确要求"大力推进依法治校"。学校作为具有公共管理职能的社会组织，要在法律至上、保障权利、制约权力的原则上建立完善的现代学校制度，实现制度化、规范化、法治化管理，做到依法办学、从严治校。此外，要尊重师生在学校的主体地位，尊重和保护学生依法保障学生的受教育权、财产权和人身安全权等基本权利，尊重学生的人格尊严，尤其是在对学生实施处分时，要做到事实清楚、依据充分、程序正当。完善纠纷解决机制和学生权利救济制度。依法治校的目的是构建符合法治理念的育人环境，在依法治校框架下让学校、教师、学生合法权益得到有效保护，因此，在深入推进依法治校过程中可以培养学生法治意识和法治观念，提升大学生的法治素养。

3. 在社会热点事件和经典案例中开展大学生法治素养培育。要提高大学生的法治素养，不能仅靠书本教学，还需要将课本上抽象的法律理论知识与真实的社会生活和真实的热点事件或经典案例联系起来，通过还原和构建真实情景，让学生建构知识、升华情感。这样的培育方式不仅可以激发学生学习法律知识的积极性，使得大学生能够在走进社会前了解基本的法律知识，明确自己在社会、工作和家庭中的权利和义务，同时还能培养大学生的法治意识和法治思维，从而提升他们的法治素养。

4. 在生动的实践活动中开展大学生法治素养培育。法治素养的培育既需要法律知识的灌输，也需要实践的滋养。要提高大学生的法治素养，需要让大学生积极参与到各类法治实践活动中。比如，充分利用校园广播、校园官网、校园微信公众号等载体，选择与大学生的日常学习和社会热点话题相关，以受大学生青睐的方式开展法治宣传活动，向大学生普及法律知识。利用"国家宪法日"开展宪法演讲比赛、宪法知识竞赛、专题讲座等活动，通过实践活动将书本的理论知识和社会现实法治问题相结合，更好地提升大学生的法治素养。树立法治典型，以道德模范、先进人物的生动事迹，阐释遵纪守法的重要性及意义。

5. 在校园法治文化熏陶中提升大学生法治素养。一是要将法治元素植入校园的整体环境。通过开展形式不一的法治教育宣传，例如，建设法治文化长廊集中宣传法治理念；贴合大学生实际嵌入法治宣传板块；抓住重要时间节点进行法律法规的主题宣传等，可以促进浓厚的法治教育氛围的形成，有助于高校大学生在富含法治元素的环境中生活学习。二是培育彰显法治精神、体现法治力量的文化品牌。在这些实践活动中，尽可能地体现法治精神，设计法制的载体，带给学生对法治精神的深入认识和敬畏，从内心深处自觉形成法治思维。

（三）家庭：新时代大学生法治素养培育的内在动力

大学生的法治素养一方面靠学校教育，一方面也要靠家庭环境的熏陶。家庭环境是影响学生法治素养的重要因素，家庭成员法治素养的高低影响着孩子的法治素养水平，尤其是父母是孩子成长过程中最重要的榜样和引导者，父母的言行举止、生活方式、价值观念等都会直接或间接地影响孩子们的法治素养。

1. 家庭成员的法治认知水平和法治意识影响孩子的法治素养。家庭是孩子成长的第一课堂，家庭成员的法治认知水平和法治意识影响孩子的法治素养。如果家长法律知识欠缺，或者不重视法律法规的遵守，孩子就容易漠视法律或者产生错误的认识。相反，如果家长注重法律知识的学习，尤其是在日常生活中能够遵守法律法规，就有助于培养孩子正确的法律观念和法治精神，从而提升法治素养。

2. 家庭对孩子道德素养的培育有助于提升法治素养。道德与法治是相辅相成，相互影响的。家长在家庭生活和社会生活的行为举止、人际关系处理方式、诚信行为都会影响孩子的道德素养，进而影响其法治素养。如果家长在日常生活中能够做到诚实守信、遵纪守法、乐于助人，不仅可以帮助孩子养成良好的道德品质，并且有助于提升孩子的法治素养。

3. 家庭教育方式和家庭氛围也会对孩子的法治素养产生影响。如果一个家庭注重对孩子进行启发式、开放式、探究式教育，关注孩子的情感和心理需求，尊重孩子个性发展，能够为孩子创造温馨、和谐、健康的家庭氛围和成长环境，不仅有利于提高孩子的法治素养，而且可以促进孩子的全面健康发展。

除此之外，新时代大学生法治素养需要在了解国情、深入实际、参与实践的过程中得到提升和完善，是一项系统性工程，因此，需要积极构建社会、政府、企业、社团组织共同参与的实践育人机制，通过配合高校广泛开展各类社会实践和公益活动，让大学生在社会实践中提升法治素养。一是创新大学生法治实践的形式，注重实践育人，关注社会现实，帮助青年学生在正确认识社会发展和参与社会建设过程中提升法治素养。二是广泛开展各类社会实践和公益活动，并建立实践育人基地。使青年学生在参与各种社会实践活动中，获得法治精神的直观感受。尤其是在帮助社会弱势群体的法律援助过程中，感受到法治的力量和正义。这些实践活动应该关注社会现实问题，帮助青年学生在解决问题的过程中，提升法治素养和社会责任感。三是组织法律知识功底深厚、法治素养高的大学生向市民宣传法律知识，提高自身对依法治国的理解和认识。例如，大学生可以结合法律法规、法律案例向市民宣传老年人、妇女、儿童权益保障以及劳动保障等方面的法律法规，提升自己的法治思维和认识。

总体来说，新时代大学生法治素养培育要以习近平法治思想为指导，以学生为主体，以学校、社会、家庭为载体。此外，要利用好现代各种移动互联和智能设备的融媒体平台。

结　语

大学生是中国特色社会主义法治的生力军，他们具备较高的文化素养和较强的接受新事物的能力，因此能够快速掌握和运用法治精神和原则。在当今世界，法治已经成为主流。作为一个重视法治建设的国家，我国提出了现代意义上的法治概念，并把其写入宪法。法治是中国人民长期以来追求的一种理想社会的实践，是民主、文明、进步和繁荣的象征。因此，要深入理解和运用法治精神和原则，并能实践法治精神和原则，就需要具备较高的文化素养和法律素养。新时代大学生作为具备这些条件的群体，应该积极参与法治建设，成为推动中国法治进程的重要力量。

随着经济全球化和世界经济一体化的加速，大学生应该成为社会主义法治的重要力量。市场经济和法治经济是相互关联的。市场经济的运作、市场秩序的维护、市场主体的权利行使等都需要法律制度和法治环境的支撑。因此，新时代大学生应该学习和掌握与市场经济相关的法律知识，为参与市场竞争做好准备。同时，随着国内市场和国际市场的融合，面对未来的挑战，新时代大学生应当掌握国际经济、国际贸易和与世界贸易组织有关的经济和法律知识，以适应全球化的经济竞争，积极参与国际竞争。

良好的社会环境为新时代大学生成为法治的生力军创造了必要条件。当今社会，经济繁荣、科技进步、政治文明的发展，为大学生成长提供了优越的社会环境，同时也决定了大学生将成为法治的生力军。良好的法治环境要求大学生加强法律学习，提高法律素养。政治文明要求大学生在法律允许的范围内表达意见、探讨问题。科技进步使大学生能够方便地获取世界各地的知识，包括法律知识。市场经济的发展要求大学生具备相应的经济法律知识，才能适应市场经济的需要。总之，作为历史的责任和时代的呼唤，新时代大学生应当成为法治的生力军，而良好的社会环境为此提供了必要的条件。

就现实中的情况来看，大学生存在整体法律素质不高、对法的认识相对片面、整体法治观念依然模糊、法律运用能力不强等问题，而法治教育则存在教育效果没有满足受教育者的需求、目标定位不明确、内容片面、教学形式单一等问题。思想道德修养与法律基础课作为培育大学生法治素养的重要渠道，无论是教学前的准备、教学的内容还是教学后的考评，都有亟待完善之处。

第五章

文化素养：核心素养的支柱

党的十九大报告提出了"引导人们树立正确的文化观"的要求。"文化是民族的血脉，是人民的精神家园。"① 文化不仅关乎一个国家、一个民族的生存和发展，也是满足个人精神文化需要和实现全面发展的重要支撑。一个有文化的人，才是国家和社会发展所需要的人才。大学生作为知识文化程度较高的青年群体，肩负着文化传承与发展的重要使命，是提高国家文化软实力的中坚力量，拥有较高的文化素养是强国建设、民族复兴征途中的重要加速。因此，在此背景下关切大学生文化素养显得迫切而又必须。

第一节　新时代大学生文化素养的内涵及其理论基础

一、新时代大学生文化素养的内涵

准确界定核心概念是开展研究的前提和基础。研究新时代大学生文化素养培育问题首先要明确"文化""文化素养""大学生文化素养""大学生文化素养培育"等相关概念的内涵与外延。

---

① 坚定不移沿着中国特色社会主义道路前进为全面建成小康社会而奋斗［N］. 人民日报.
2012-11-09.

（一）文化的内涵

不同时代、不同地域的文化各具特色，不同的文化推动着人类文明进步与发展。由此，我们可以从不同视角解读文化的内涵与外延，以给文化精彩多样的释意。

根据陈序经的考察，"Culture"一词来自拉丁文"Cultura"，其词源为"Cultus"，包含两层意义：一是拜祭神明，二是对植物的培育与耕作[①]。到16世纪，文化的内涵延伸到精神领域，具有涵化人类心灵、智慧、道义之意。随后，英国人类学家泰勒给予了文化经典性界定，认为文化是包括"知识、信仰、艺术、道德、法律、习俗以及作为包括社会成员的个人获得的其他任何能力、习惯在内的一种综合体"[②]。从此，文化逐渐演化为"某一社会人类活动的物质的、技术的、智慧的和艺术的诸方面"的总和。

中国学者亦从不同研究视角、研究方法对文化进行了多元化阐释。《辞海》从广义和狭义两个层面界定了文化，"广义的文化指人类创造的物质财富和精神财富的总和。狭义的文化指社会意识形态，以及与之相适应的制度和组织机构"。中国著名学者梁漱溟认为"文化是一个民族生活的种种方面"[③]。著名社会学家费孝通先生认为文化的核心体现在"文化自觉和文化自信"方面。由此可见，我们可以从广义和狭义两个层面理解文化的内涵。

（二）文化素养的内涵

文化素养即文化层面的一种修养，主要是指人通过学习文学、历史、哲学、艺术等基础知识或接受周围文化氛围的熏陶而逐渐形成的较为稳定的、内在的品质、境界和价值倾向，并通过语言、文字以及行为所反映出

---

① 王岳川.文化战略［M］.上海：复旦大学出版社，2010：6.
② 邵汉明.中国文化研究二十年（修订本）［M］.北京：人民出版社，2006：414.
③ 梁漱溟.东西文化及其哲学［M］.北京：商务印书馆，2010：20.

来的综合气质。它是源于内心的一种修养，体现的是一个人内在的气质和道德品格，具有自身独有的特征。首先，个人的文化素养不是与生俱来的，而是通过后天学习或接受周围环境熏陶逐步形成的，文化素养是学习和教育的成果，因此，个体的文化素养可以通过培育得以提升；其次，文化素养是知识内化和升华的结果，拥有了科学知识不代表就具备了较高的文化素养。

（三）大学生文化素养的内涵

大学生的文化素养指的是大学生通过对优秀文化成果的学习和熏陶，而内化为内在气质、品格与修养。强调的是大学生在学习的过程中所形成内在特质，这种内在特质往往在学习、人际交往过程中体现出来，是外在精神面貌与内在精神气质的综合体现。

二、新时代大学生文化素养培育的理论基础

马克思主义文化观、中华优秀传统文化和中国化马克思主义文化观是新时代大学生文化素养培育的重要理论基础。

（一）马克思主义文化观是理论指导

马克思和恩格斯高度重视文化问题，把文化的本质和人的本质紧密联系起来，在对文化的内涵、特征、功能以及发展规律进行科学阐述和总结的基础上形成了科学的马克思主义文化观。马克思主义文化观是马克思主义理论体系的重要组成部分，为人类正确认识和看待社会文化现象及其发展规律提供了一个基本思路和范式。我们可以从三个层面理解马克思主义文化观：第一，文化的本质是人类实践的产物，文化产生与发展的动力在于人类的实践，人们的实践活动促进了经济社会的发展和物质财富、精神财富的创造，文化就是精神文明的重要组成部分。在马克思看来，文化特

性是人与动物的另一个区别，人可以通过发挥主观能动性创造文化。第二，学习文化、创造文化的终极目标是实现人的全面自由发展，反过来，文化的发展和进步又促进了人的全面自由发展。因此，马克思主义的文化观将人获得自由而全面发展视为终极追求目标。第三，文化具有可持续发展的特性，从低级到高级，不成熟到成熟中不断完善和发展起来的。新时代大学生文化素养培育要以马克思主义文化观作为最重要的理论指导。

（二）中华优秀传统文化是涵养资源

文化具有历史延续性，任何文化都是传统文化发展过程中的历史积淀。作为有着五千年不间断文明史的古国，绵延五千年而历久弥新的传统文化无论是对中华民族的思维方式、价值观念，还是行为习惯都产生了极其深远的影响，今天的我们也在无意识、不自觉地接受中华优秀传统文化的滋养和熏陶，中华传统文化给了我们坚定文化自信的根本底气。因此，新时代的今天，我们要大力弘扬和传承中华优秀传统文化，深入研究、深入挖掘传统文化的时代价值、德育价值，推进中华优秀传统文化教育，为当代大学生打上深厚的传统文化底色，让大学生在中华优秀传统文化熏陶中感受其震撼的文化魅力，汲取智慧精华，从而进一步坚定大学生文化自信，涵养大学生的文化素养。

（三）中国化马克思主义文化观是精神力量

中国共产党是一个具有高度的文化自觉和文化自信的政党。中国共产党历届领导人在解决中国文化问题以及建设精神文明、促进文化发展的过程中，把马克思主义文化观同中国基本国情、中国实践相结合，同中华优秀传统文化相结合，形成了中国化马克思主义文化观。中国化马克思主义文化观主要包括：毛泽东思想所蕴含的新民主主义文化观和社会主义文化观、邓小平理论所蕴含的社会主义精神文明观、"三个代表"重要思想所蕴含中的先进文化观、科学发展观所蕴含的和谐文化观和习近平新时代中国特色社会主义思想所蕴含的文化自信观[①]。

中国化马克思主义文化观作为社会主义文化理论的指导思想，是历代中国共产党人坚持不懈艰辛探索和创造出来的，是马克思主义文化与中国文化的融合和创新，为中国文化事业发展和文化强国建设提供了正确的发展方向，为新时代大学生文化素养培育提供了强大的精神动力。

第二节　新时代大学生文化素养的价值意蕴及现状分析

一、新时代大学生文化素养培育的价值意蕴

"'文化'已经取代了'社会'成了各方研究的主题，成了最广为被关注的研究课题。"[②] 在共筑社会主义现代化强国征途中，文化是我们阔步向前发展一个不可或缺的力量。新时代大学生作为引领社会发展建设的中坚力量，其文化素养的高低影响着个人未来发展以及人才强国、文化强国、教育强国等目标的实现，因此，提升大学生文化素养具有重要的现实意义。

（一）推动文化传承与创新，为文化自信提供不竭源泉

坚定的文化自信是促进文化繁荣发展，实现社会主义文化强国的前提和根本。当今国际政治经济形势风云变幻，我国正处在实现"两个一百年"奋斗目标的关键冲刺期，世界范围内各种思想和多元文化相互交流、交锋、碰撞，我们生活在传统文化与现代文化、西方文化与中国文化交织并存的现实环境中，文化已经成为大国综合国力竞争的关键因素，强调文化自信

① 伊广英.中国化马克思主义文化观演进研究［D］.沈阳：东北大学，2016.
② ［美］齐亚乌丁·萨达尔.文化研究［M］.苏静静，译.北京：当代中国出版社，2014：1.

符合历史发展规律，新时代的中国是否具有坚定的文化自信，是关乎我国在当今世界多种文化并驱争先中实现伟大复兴的关键。

新时代青年大学生要成长成才、立志立学，要接力复兴伟业，如果缺失文化的滋养，就会产生文化自卑或者文化自大心理，最后导致崇洋媚外或者故步自封。因此，提升大学生文化素养，鼓励青年学生以强烈的民族自豪感与使命感汲取中华优秀传统文化的营养与精华，以积极的心态传承与弘扬中华优秀传统文化，大力弘扬中国精神，推动优秀文化创造性转化、创新性发展，将会为文化自觉和文化自信提供不竭源泉。

（二）高校内涵式发展、可持续性发展的趋势使然

党的十八大报告站在教育大国向教育强国转型的战略高度提出了"实现高等教育的内涵式发展"的要求，自此之后全国高校由粗放式发展向精细化发展转型，走内涵式发展道路成为高校的统一选择。2020 年 11 月，教育部发布《第五轮学科评估工作方案》，又一次提出："提升我国学科建设水平和人才培养质量，推动实现高等教育内涵式发展。"

文化是大学的灵魂，积极发挥文化育人的强大功能，营造健康的文化生态，整体提升学生的文化素养是内涵式发展的必要条件。这就要求高校一方面要提升自身文化力建设水平，打造自己的特色文化，这是高校永续发展的前提和根本；另一方面，要担起文化传承与创新重任，以高素质、复合型人才为培养目标，大力提升人才培养质量，把大学生培养成有文化、有修养、有远大理想的高素质人才。

总而言之，新时代赋予了高等教育新要求、新目标、新使命。全面深化教育改革，担当起人才培养、文化传承与创新的教育使命，贯彻落实好立德树人根本任务，提升青年大学生人文素养，为国民经济建设和社会发展培养一批复合型高素质人才不仅是我国社会主义事业发展的现实需要，也是高校发展的新方向、新路径。

（三）提升大学生综合素质的内在动力

文化素养是大学生核心素养之一。大学生文化素养培育，是为了提升大学生的心理素质、道德修养，侧重的是大学生的精神需求，培养大学生的人文情怀及审美情趣。大学生除了学习专业知识外，还要加强文史哲知识的学习，树立积极健康的人生观和价值观，成为有较高道德修养的人才。文化素养教育无论对新时代大学生个性塑造、身心发展，还是知识结构的完善均有影响，有助于大学生健康全面地发展。良好的文化素养是大学生全面发展的重要前提，也是大学生实现自我价值、社会价值的依托。

二、新时代大学生文化素养现状分析

（一）新时代大学生文化素养的总体状况

从国内学者及相关课题组对大学生文化观、文化素养调研情况来看，新时代大学生文化观和文化素养总体状况较为乐观，比如具有较高的文化自豪感和自信心、能够以理性包容的心态看待外来文化、对传统文化有较高的兴趣与学习意愿。

1.大学生具有较强的文化自豪感和自信心。文化自信是中华文化传承与发展的基石，是我们站在新的历史起点上建设中华民族现代文明、推动中华文化走向世界的最持久的力量。《中国大学生思想政治教育发展报告》调查显示，97.9% 的大学生表示自己"为中华文化感到自豪"，96.8% 的大学生坚信"中华民族一定能创造文化新辉煌"，97.8% 的大学生认为文化自信对国家、民族发展具有重要意义。① 可见，新时代大学生不仅对中华民族传统文化高度认可，对未来文化发展高度自信，充满期待，并且对文化

---

① 李建民.2020年大学生文化观与文化素养状况调查分析［J］.文化软实力研究，2021（06）：98-104.

自信的重要意义也有较为清晰的认识。

2. 大学生能够以理性包容的心态看待外来文化。在"喜欢西方节日还是喜欢中国传统节日"问题上，67.0% 的大学生表示更喜欢春节、端午节、中秋节等中国传统节日[①]，而选择喜欢西方节日的大学生表示喜欢的主要原因在于可以借此消遣娱乐，放松心情。在对待外来文化问题上，97.2% 的大学生认为"应以开放包容的态度吸收其他文化的优长"，85.7% 的大学生表示"应当警惕西方文化的价值渗透"[②]。可见，在对待外来文化问题上，新时代大学生能够秉持包容、理性的态度。

3. 大学生对传统文化有较高的兴趣与学习意愿。71.2% 的大学生对经史子集、诗词歌赋、琴棋书画、舞蹈武术等传统文化感兴趣，77.8% 的大学生愿意参加学校开展的"阅读中国古代经典、学习民族乐器、练习中国功夫"等中华传统文化传承活动。[③] 有学者进一步分析发现，大学生文化观和文化素养呈现出群体差异的特性，人文社科类大学生的文化素养高于理工科学生，学生党员和有过学生干部经历的大学生的文化素养高于其他同学，农村学生对中国传统节日的喜欢程度高于城市学生。

（二）新时代大学生文化素养存在的问题

当今社会，人文素养的缺失造成诸多社会问题凸显，负面新闻及评论借助新媒体传播平台以惊人的速度蔓延，在一定程度上对大学生的思想认知带来冲击和挑战。

1. 多元文化对主流文化产生冲击。经济全球化促进了中国文化与外来文化的交流，新媒体的快速发展为文化传播、文化接受搭建了广阔的平台，

---

① 王绍霞. 大学生文化观与文化素养调查分析 [J]. 思想教育研究，2015（11）：60-64.
② 李建民. 2020年大学生文化观与文化素养状况调查分析 [J]. 文化软实力研究，2021（06）：98-104.
③ 王绍霞. 大学生文化观与文化素养调查分析 [J]. 思想教育研究，2015（11）：60-64.

让大学生对外部世界的认知和理解无论在深度还是广度上都远超以往，外来文化深深地影响着大学生的思维方式和行为习惯。由于大学生正处在世界观、人生观、价值观塑造的关键时期，无论在生理上、心理上还是在知识体系上具有"未完成性"，因此一些大学生对多元文化、对主流价值观的认识和理解是片面的、有局限的，有的甚至是偏离的。学者石书臣、张杰在调查问卷中提出"您最感兴趣的思想文化是什么"这一问题，选择国学、大众文化、西方文化的所占比例较大，选择马克思主义文化的所占比例不高。① 可见，在多元化背景下，高校需要研究如何提升大学生的文化素养。

2. 对思想政治理论课兴趣不高。虽然很多大学生认同马克思主义，也能认识到马克思主义是我们立党立国的指导思想，具有极其重要的价值，但依然对学习思想政治理论课的积极性、主动性不足。根据石书臣和张杰的调查，对于"您对大学生思想政治理论课的态度如何"这一问题，58.9% 的大学生选择"被动应付"，17.9% 的大学生选择"心不在焉"，8.2% 的大学生选择"基本不听"。在"您喜欢通过哪种方式了解当代中国主流文化"的选项中，仅有 7% 的同学选择思想政治理论课，61.3% 的同学选择网络、影视等途径。可见，思想政治理论课的吸引力、感染力仍有待提高。

3. 喜欢西方文化，但了解不够深入。随着中西文化交流日益频繁，大学生深受西方各种文化思潮影响，喜欢探求新理论、新思想、新观念的新时代大学生甚至在一定程度上"以洋为尊""以洋为美"。大学生结合自身兴趣和价值取向，选择、接纳和吸收西方文化，对于"您对当代西方社会思潮的了解程度"这一问题，多数受访者比较了解或了解一些"民主社会

---

① 石书臣，张杰. 当代大学生思想文化素养状况的调查及对策 [J]. 学校党建与思想教育，2013（07）：4-7.

主义"，不了解"新自由主义""消费主义""普世价值""后现代主义""历史虚无主义"，因此容易被一些言论所误导，甚至产生认识偏差。

高等教育的一个重要使命是提高大学生的素养，包括人文、社会、科学素养。素养教育不仅注重将知识内化为能力，还能提高大学生的精神境界。中国传统文化博大精深，其中有许多关于品格修养的内容。提升大学生文化素养，就是帮助大学生树立正确的世界观、人生观、价值观和审美观。

（三）大学生文化素养问题归因

1. 学校人文素养教育缺失。大学作为探索知识、追求真理的殿堂，一直被喻为大学生的精神家园。随着我国建设创新型国家和世界科技强国重大战略任务的不断深化，各高校纷纷加入创建研究型大学的浪潮，大力加强自然科学相关领域的专业建设，注重科研成果的转化，在一定程度上忽视了大学生文化素养教育，部分高校出现了"重自然科学、轻人文社科"的倾向，导致一些大学生文化素养较低。

人文素养教育的缺失制约了大学生综合思考能力、跨文化理解能力、沟通能力、审美能力的发展，甚至可能制约国家创新和创造能力的发展，所以一些高校提出要建设"人文校园""和谐校园"。[①]

2. 大学教师文化素养欠缺。教师是教育的根本和关键，不仅是教育教学活动的主导者和设计者，更是学生思想行为的引领者。教师不仅扮演着传道授业解惑的角色，向学生传授知识、解惑答疑，还可以通过教育、引导、熏陶等方式，引导学生端正做人、认真做事。教师将思想政治教育与专业知识教育、科学技术教育与人文修养教育、学术技能教育与人格素养教育有机地结合起来，贯穿于教学的各个环节，对学生进行教育，是最能

---

① 方广锠，陈泽环.哲学与宗教（第7辑）［M］.上海：上海人民出版社，2014：243.

吸引学生的教育方式。除此之外，在日常教育教学中，教师不仅要对学生严格要求，还要以身作则，用人格魅力感染和影响学生，以达到"随风潜入夜，润物细无声"之效果。而所有的一切，都需要教师自身具备良好的文化素养。教师如果欠缺文化素养，尤其是人文素养和道德素养，则难以胜任教书育人的神圣使命。

2018 年，习近平总书记在北京大学师生座谈会上明确指出："建设政治素质过硬、业务能力精湛、育人水平高超的高素质教师队伍是大学建设的基础性工作。"百年大计，教育为本，教育大计，教师为本。高校教师是真理和知识的传播者，是人格和品质的塑造者，是推进人才强国、教育强国及国家文化软实力建设的核心力量，教师的文化素养影响学生成长，影响国家未来。当前，我国高校教师的文化素养水平并不乐观：一方面是部分教师不重视党的最新理论成果的学习，也很少将中华优秀传统文化及思想政治教育融入课堂教学；另一方面是部分教师只是将教师职业作为一种谋生的手段，在教育教学中与学生很少有思想和情感的交流。

具有博士学位、教授职称及科研能力较强的教师往往被外界视为高水平的大学教师，这些"标配"指标也是年终考核、评优评先及职称评聘的主要考核点。因此大学教师为了发展和提高自己只能把大量时间和精力放在申报课题、撰写论文和专著上面，在教学上投入的时间和精力相对较少。

3. 思政课程教育和课程思政教育融合度不足，协同育人效果不佳。近几年，国家高度重视高校课程思政和思政课程建设，要求每门课都要有思政元素和思政内容，发挥育人功效，构建思政课程和课程思政协同育人的思政教育体系。其中，思政课程是大学生思想政治教育的主阵地和主渠道，在政治方向、舆论导向、价值取向上发挥着重要的引领作用；课程思政教育是对思政课程教育的拓展、补充和延伸。但是在高校课堂教学中，思政教育关注的是对大学生价值观、爱国情怀、文化认同等方面的培育和引领，专业课程强调的是专业知识的传授、专业技术的提升及学术能力的培养，因此如何在课程思政中寻找合适的、恰当的思政点，以实现专业知识传授和价值观教育有机融合需要深度探究。

此外，思政课程教育与课程思政教育的融合度和实效性还受制度保障、教师融合等多种因素影响。课程思政教育和思政课程教育难以深度融合，影响了大学生文化素养的培育效果。高校应加强思政课程和其他学科的协作，鼓励教师进行跨学科教学和研究，促进教学内容的有机融合。同时，教育管理部门也应推出相应的政策，促进思政课程教育与课程思政教育有效衔接。

第三节　新时代大学生文化素养的提升策略

文化是人们的精神家园，是国家发展的软实力，是中华民族伟大复兴重要征程中不可缺少的精神力量。青年强则国强，新时代大学生文化素养不仅关乎大学生自身成长成才、全面发展，也关系到民族的未来和国家可持续性发展，加强大学生文化素养培育是时代使命和时代课题。

随着经济全球化的迅猛发展、国际文化竞争日益激烈、我国教育体制深入改革，以及大学生自我意识日趋彰显，新时代大学生文化素养的培育难度不断提高。因此，新时代提升大学生文化素养，需要在复杂的视域下，以具体问题为导向，以弥合教育缺口为目标，实现各种文化元素的联动和整合，最终达到提高教育实效之目的。

一、科学构建以"文化育人"为核心的课程体系

"文化育人"是指通过弘扬和传承文化，教育引导个体的全面发展和成长，简单来说，是在文化大环境中育人。文化育人是整个社会和每个人

的共同责任，它着重强调文化对人的修养、素质和人格塑造的重要性，旨在培养学生的道德品质、审美情趣、思维能力和综合素养，使其具备良好的文化修养和道德素质。

（一）以中华优秀传统文化涵养大学生文化素养

中华优秀传统文化是新时代大学生文化素养培育的根基和涵养源泉。党的十八大以来，党和国家高度重视中华优秀传统文化，从国家发展、民族繁荣、国家文化安全的角度弘扬和传承中华优秀传统文化，提出要把传统文化落实到人才培养实践中。2017 年，中共中央办公厅、国务院办公厅颁发的《关于实施中华优秀传统文化传承发展工程的意见》（以下简称《意见》）提出"要把中华优秀传统文化全方位融入教育各环节，贯穿于启蒙教育、基础教育、职业教育、高等教育、继续教育各领域"的要求。新时代背景下，我国要在激荡的世界文化中占有一席之地，就要根据新时代文化建设战略来弘扬中华优秀传统文化。

中华优秀传统文化蕴含着极为丰富的人文精神、哲学思想和道德内涵，具有重要的育人价值，是中华儿女共有并可共享的宝贵精神财富。因此，让新时代大学生坚守传统文化特色，继承和发扬优秀传统文化中深厚的哲学思想、人文精神、民族精神、道德内涵，不仅是高等学校立德树人、实现内涵式发展的重要举措，也是我国文化强国建设中的一项重要内容。推动中华优秀传统文化进校园、进课堂，用优秀传统文化涵养大学生文化素养，需要从以下几个方面发力：

1. 让中华优秀传统文化在课堂上绽放光芒。积极开展中华优秀传统文化教育，按照《意见》及教育部相关文件精神，为大学生开设诸如"中华优秀传统文化概论""中国古代哲学"等必修通史传统文化课程，结合专业需求和学生兴趣，开设特色选修课程，让有专业需求的和感兴趣的同学深切地感受中华优秀传统文化经久不衰的魅力、独特的思想内涵及时代价值，用中华优秀传统文化滋养大学生的心灵，培养大学生健全人格，使大学生成为具有世界眼光的新时代社会主义建设者和接班人。

2. 推动传统文化与思想政治理论课深度融合。中华优秀传统文化是中华民族精神追求的重要记载，蕴含着伟大的爱国主义精神、强烈的责任担当意识、优秀的美德传统，因此我们可以把中华优秀传统文化中蕴含的哲学思想、人文精神、道德规范、价值追求，与思想政治理论课紧密结合起来，与社会主义核心价值观紧密结合起来，认真汲取中华优秀传统文化的精髓，不断拓宽大学生思想政治理论视野，增强思想政治理论课的实效性，同时展现中华优秀传统文化的时代内涵和时代价值。

3. 加强中华优秀传统文化师资队伍建设。高校要从文化强国战略高度重视传统文化教育、重视大学生传统文化素养培育、重视传统文化师资队伍建设，着力培养一批热爱中华优秀传统文化，对传统文化的内容了解透彻、把握到位，愿意投身于传统文化教学和研究的专任教师，这样在学科建设、课堂教学才有主导力量，从而为传承和弘扬中华优秀传统文化提供有力支持。

（二）构建课程思政和思政课程协同育人机构，形成三全育人新格局

课程是育人的重要载体，新时代背景下，国家高度重视人才培养工作，要求加强高校课程思政和思政课程建设，保证每门课都要有思政内容、发挥育人功效。2020 年 5 月，教育部印发的《高等学校课程思政建设指导纲要》指出，要"全面推进高校课程思政建设，发挥好每门课程的育人作用"。因此，遵循共同的德育目标、构建思政课程和课程思政协同育人机制、提升课程育人实效是新时代高校教师的主要责任。

培育大学生文化素养是高校思想政治教育的主要内容，教师要挖掘各门课程蕴含的思政元素，将专业课程涉及的历史、科学、艺术、社会、文化知识转化为家国情怀、文化内涵、道德品质、法治意识等思政内容，实

现专业课程和思政教育的有效衔接。这样不仅能加深大学生对历史、科学、社会、艺术等学科的认识，还有助于激发大学生的爱国之情，提高大学生的人文素养和道德素养。

二、以校园文化为载体加强大学生文化素养

文化是一个复杂的整体，涉及社会生活的各个方面。文化环境对大学生起着潜移默化的熏陶作用。大学生文化素养的提高与其自身的努力和环境的熏陶有关。大学生是大学文化建设的主体，和谐的校园环境有利于大学生健康成长。因此，加强校园文化建设是新时代加强大学生文化素养的有效路径，充分发挥校园文化的育人功能，是高校提高人才培养质量、走内涵式发展道路的必然选择。

（一）加强校园文化建设

高校要高度重视校园文化建设在大学生文化素养养成过程中所产生的积极意义。校园文化建设既包括校园道路、楼宇、场馆、景观等校园基础设施建设，又包括学校的校歌、校训、校标、文化墙等文化资源建设。具有特色的文化资源与基础设施相结合，激发了大学生的爱校热情，塑造了大学生的思想品格，潜移默化地培养了大学生的文化素养。高校一方面要充分发挥隐性教育环境对大学生的心理陶冶作用，深入挖掘和合理利用校园文化景观，让这些看得见、摸得着、可以欣赏的人文教学素材作为文化教育的有益补充，将优秀的人文元素嵌入学生园区，打造成校园内一道亮丽的文化景观，使大学生时时刻刻都能受到文化的熏陶；另一方面，高校要合理利用文化设施，将校史馆、博物馆等文化设施开发为文化育人资源，面向大学生开展校史教育和文化教育，将学校的发展历史与民族、国家的发展历史结合起来讲给学生，培养大学生的爱校、爱国之情，从而提升其

文化素养和文化认同。

（二）积极开展校园文化活动

将文化素养培育与校园文化活动有机结合，将优秀文化资源融入大学生思想政治教育，从而进一步积淀大学生的文化底蕴，提升大学生文化素养。一是通过开展诵读经典、诗词大赛、书法比赛、国画比赛、优秀文化知识竞赛、传统文化主题辩论赛、校园红歌大赛，以及社会实践活动、青年志愿者活动等内容多样的文化活动，学生体验和感悟到文化的魅力，丰富了对优秀文化的了解与认识，培养了积极的文化观；二是充分挖掘文艺作品、影视作品的育人功能，将文艺审美教育作为培育大学生文化素养的重要途径，组织学生观看能够体现当代先进文化的文学、艺术影视作品，或者组织学生鉴赏具有较高艺术水准、文化内涵、艺术价值、观赏价值较高的文艺作品，提升大学生文化素养。高校在开展文化实践活动过程中，需要注意的是文化育人是一项长期性和系统性工程，学校校园文化育人体系的建构要充分考虑各个构成要素的作用，育人质量的提升需要涉及教育理念、教育载体、教学手段等各个要素，唯有加强各种文化元素的整合和有效运作，才能形成完美的文化张力。因此，一方面，开展文化实践活动重在定期举办、长期开展，唯有细水长流才能取得实效；另一方面，文化实践活动成效不在于声势浩大、大张旗鼓，而在高校在开展文化活动时切忌搞形象工程和面子工程。

三、利用网络平台提升大学生文化素养

（一）搭建校园网络平台，在虚实空间中实现文化对接

文化素养培育要紧跟时代步伐，注重运用新技术、新手段、新形式。互联网时代，大学生的学习和生活与网络紧密联系在一起，高校要了解大

学生心理需求和兴趣爱好，充分利用各种媒介形态，通过搭建网络平台构建思想政治教育和文化传承的重要载体，占领大学生舆论高地，实现虚拟空间与现实空间的文化对接，实现文化素养培育的覆盖面，从而引导大学生在学习传统文化和先进文化知识中提升文化素养。

现实空间的文化素养培育强调的是学校通过开展丰富的校园文化活动或者校园隐性文化环境熏陶的方式丰富思想政治教育内容，增强大学生对中华优秀传统文化和先进文化的学习、认知。虚拟空间的文化素养培育强调的是大学生在网络学习过程中受到文化熏陶，达到润物细无声的效果。虚拟空间的文化传播摆脱了学生在现实空间汲取知识的紧张感与束缚感，教育效果更佳。将现实空间和虚拟空间的文化对接，有利于增强思想教育的吸引力与渗透力，增强大学生的文化自觉和文化自信。

（二）以"互联网＋文化"打造文化新形态

在新时代，互联网渗透到我们生活的方方面面，成为我们日常生活中不可或缺的一部分。网络文化成为一种崭新的文化形态，对传统的文化生活甚至道德情感产生重大影响。对于新时代的教育工作者来说，应积极面对新媒体和新技术带来的一系列机遇和挑战，紧跟时代发展潮流，整合一切有益资源，为大学生创造良好的思想政治教育环境。

1. 构建高效的网络教学平台，提高网络文化教育水平。当前，国内大部分高校，都有着丰富的网络教学资源，较好的网络硬件支持，但是真正发挥其优势的情形却比较少见，也就是网络教学平台利用率不足。一是部分教师对硬件的使用和操作不够熟练，不能很快适应新设备新技术，无法运用教学辅助工具提高教学质量，反而影响教学水平的发挥。二是对移动互联场景中经常使用的软件或 App 知之甚少，不能够有效整合各种教学资源。

2. 丰富和拓展网络文化内容。当前，是一个内容为王的时代，内容的重要性不言而喻。提升大学生的文化素养，如果没有好的内容资源，不能有效形成内容效应，势必事半功倍甚至造成负面效果。教育工作者有效利用网络文化，一是可以在课堂教学中适当融入网络文化内容；二是积极整合文本、视频、音频、图片等网络资源，不断丰富网络文化内容；三是树立网络安全意识，提高网络资源利用水平和处理能力。教师不断学习网络文化相关内容，掌握网络前沿信息，才能拉近与学生之间的距离，对学生的思想动态所有了解，最终达成思想政治教育目标。

思想政治教育工作者要充分了解大学生的个性特点，以学生为中心，设计能够体现中华优秀传统文化的内容。只有在平台和内容两个角度共同突破，才能有效引导大学生把握网络文化的核心要点，塑造大学生的精神世界，使大学生形成正确的网络文化价值观，最终形成顺应新时代的网络文化素养。

四、引导大学生丰富自己的文化内涵

文化是人们的精神家园，是大学生在成长成才、全面发展过程中重要的精神力量。因此，新时代大学生文化素养培育要凸显大学生群体的主体地位。新时代大学生要想拥有健全的人格、敏捷的思辨能力，就要不断增加自己的知识内涵和知识储备，为自己精彩的大学生活添上浓墨重彩的一笔。简单来说，就是要多读书，读好书，增加自己的知识储备量。读书不仅可以提高一个人的思想境界和内在修养，可以改变人的一生，而且可以提高一个民族的整体素质。新时代大学生应该把读书作为一种乐事和趣事，在读书的过程中深刻领略知识的魅力。

（一）学习中华优秀传统文化

历经了五千年历史积淀所形成的中华文化，给了我们丰富的精神滋养，成为筑牢社会主义祖国富强大厦征途中重要的精神动力。作为中华儿女，一方面要深入学习中华优秀传统文化，对自己的文化要有强烈而又坚定的自信心与自豪感，因为坚定的文化自信不仅是大学生成长成才、担当历史使命的重要前提，也是建设文化强国的先决条件；另一方面要深入挖掘中华优秀传统文化的当代价值，传承和发扬我们优秀的传统文化。大学生是传承中华优秀传统文化的中坚力量，只有认知和认同中华文化，才能提升文化素养，践行社会主义核心价值观。

（二）阅读人文经典

经典书籍是历史选择出来的具有较大阅读价值的书籍，之所以经得起时间考验而经久不衰，是因为经典书籍具有典范性和权威性。阅读经典书籍不仅可以丰富知识，还可以涵养品质、开阔眼界、提升境界。经典书籍犹如"钥匙"，可以让我们打开世界之门，了解更多的知识。

阅读经典书籍可以让学生品味真、善、美，树立正确的世界观、人生观和价值观，用发展与辩证的眼光看待外来文化，汲取人类优秀的文明成果，积极探索中华优秀传统文化、马克思主义文化及世界各种优秀文化的最优组合方式，

结　语

文化是一个国家、一个民族的灵魂。文化兴则国运兴，文化强则民族强。新时代培养大学生的文化素养有着更为重要的作用。

一是培养全面人才。文化素养是大学生的综合素质之一，涵盖人文、社会、自然、科技等多个方面，培养大学生的文化素养能够促进其全面发展，提高其综合素质，使其成为全面人才。

二是提高思想境界。文化素养包括人文精神、价值观念、审美情趣等方面，能够开阔大学生的视野和境界，提升大学生的文化修养。

　　三是增强社会责任感。文化素养不仅包括自身修养，也包括对社会、国家、人类的责任感和使命感。培养大学生的文化素养能够使其认识到自己的社会责任和使命，激发其为社会、国家、人类的发展贡献自己的力量和智慧。

　　四是推动文化传承和创新。文化素养是文化传承和创新的前提，培养大学生的文化素养能够促进文化的传承和创新，为社会的发展提供智力和文化支持。

　　五是增强终身学习能力。文化素养不仅是知识的积累，也是对知识的领悟和运用，培养大学生的文化素养能够让其具有更强的自主学习能力和终身学习意识，为其未来的学习和发展打下坚实的基础。

　　总之，培养大学生的文化素养是高等教育的重要任务，对提高人才质量、推动社会进步和促进文化传承与创新具有重要的作用。

第六章

生态素养：核心素养的完善

　　生态问题已经成为当今世界共同关注的问题。党的十八大以来，以习近平同志为核心的党中央站在中华民族永续发展的高度谋划生态文明建设，不仅把"生态文明建设"纳入"五位一体"总体布局，而且把"美丽"作为社会主义现代化强国目标之一，将生态文明写入宪法，将"绿水青山就是金山银山"生态环保理念写入党章。中国已经迈进生态文明建设新征程，正在朝着建设美丽强国的目标而奋斗……

　　新时代大学生是未来和谐社会建设的主力军，提升大学生生态素养不仅是生态文明建设的核心与关键，也是新时代高校思想政治工作彰显时代精神、回应时代发展的应然之举。

第一节　新时代大学生生态素养的内涵及其理论基础

　　生态素养是人们在对环境有全新的理解、对人与自然关系有正确认识的基础上，产生的保护生态环境、实现可持续发展的意识，以及改善生态环境的自觉行动和实践，主要包括生态环境知识、环境保护意识、生态文明理念等方面的素养。在全面开启生态文明建设的新时代，生态素养已成为新时代大学生核心素养之一，与政治素养、道德素养、法治素养、文化素养等核心素养相辅相成，共同构成了大学生成长成才、全面发展的基础。

一、新时代大学生生态素养的内涵

（一）生态素养的内涵

20 世纪最重要的发现不在科学、医学或技术领域，而是人类开始逐渐意识到地球承载力的有限并试图从自身出发改善这种状况。[①]在"生态素养"概念提出之前，美国学者查尔斯·罗斯曾于 1968 年在"我们如何知道一个公民是有环境素养的公民"问题中提出过"环境素养"（Environmental Literacy）的概念。[②]这一概念的提出为学者们打开了进一步研究和探索的大门。威廉·斯塔布斯（William B. Stapp）和保罗·吉恩（Paul V. Ginn）在他们 1969 年出版的《走向环境素养理论》一书中就明确提出了"环境素养"的概念。

生态素养的生成与人们意识的觉醒息息相关，当人们开始重新审视人与自然的关系，并开始思考如何运用人的力量运动开展生态环境治理时便产生了生态素养的最初模型。"生态素养"的概念最早是美国学者大卫·奥尔（David Worr）提出的。他认为"生态素养是人要具有系统的生态知识和对自然关爱的态度，并为人类、自然及人与自然关系采取实际行动的能力"。在奥尔看来，生态知识、生态意识和生态文明行为三个要素是生态素养的重要组成部分。奥尔的生态素养概念得到了多数学者的认可。美国学者布鲁耶尔直接把生态素养概括为生态知识、态度和行为的综合。学者

---

① Baldwin J. Ecological Literacy: Education and the transition to a Postmodern World [J]. *Whole Earth Review* (10): 36−38.

② Roth Charles E. Environmental Literacy: Its Roots, Evolution and Directions in the 1990 Eric Clearinghouse for Science, Mathematics and Environmental Education, Columbus, Ohio. ED348235, 1992.

布莱德等认为生态素养是基于社会可持续发展之目的，综合大脑思考、内心世界和实际行为而产生的对世界的全方位理解。

我国对生态素养的研究起步较国外晚。学者王辉首次介绍了奥尔的生态素养概念，认为生态素养是"了解生态系统知识、产生积极关心的态度，然后在行动中表现出来"。[①]后来很多等学者都尝试去解读生态素养的内涵。尽管国内外学术界对生态素养的内涵未达成一致，但很多学者认同生态素养是知识、意识和行为等综合体这一观点，并以此维度开展研究。

（二）大学生生态素养培育的内涵

"培育"是一个动态的概念，通常是指实施者通过有意识的努力和关注促进个人的发展和成长。在此，我们可以将大学生生态素养培育定义为：教育实施者根据国家生态文明建设的总体要求，借助一定的方式和手段对大学生进行生态文明教育和熏陶，从而帮助大学生提高生态素养，实现个人发展与成长的教育活动。可见，生态素养不是与生俱来的，更加强调社会、家庭、学校的后天教育和熏陶，高等教育尤其不能缺失大学生生态素养培育这一重要内容。

二、新时代大学生生态素养培育的理论基础

自然、人和社会有机构成了人类生活的客观世界，人类要想在良好的自然条件和社会环境中获得自身的发展，需要正确处理人与自然、人与人、人与社会之间的关系。新时代大学生生态素养培育要以正确理解人与自然的辩证关系为起点，以生态文明思想作为重要理论支撑。

---

① 刘宏红，蔡君. 国内外生态素养研究进展及展望［J］. 北京林业大学学报（社会科学版），2017（4）8-13.

（一）中国传统生态思想

中国传统生态思想主要蕴含于儒家、道家和佛家的哲学思想中，展现了中华文明的独特魅力，体现了古代先贤的生态环境保护理念，为新时代生态文明建设提供了重要的精神滋养，也为大学生生态道德素养培育提供了重要思想启发。

1.儒家"天人合一"整体自然观。"天人合一"生态伦理思想是儒家思想体系中的一个重要概念，根据儒家的观点，宇宙中存在着一个无限而永恒的力量，被称为"天"，它是万物的根源和支配者。人作为宇宙的一部分，与天地万物息息相关。"天人合一"的意思是人类是自然界的一部分，人与自然是一个和谐统一的生命共同体，两者是相通、相依，不可分离的有机整体，人只有顺应天的规律，与自然界保持和谐的状态，才能得以生存和持续发展。在儒家"天人合一"生态观中，一是强调仁爱思想，把爱的范围从爱人扩展到爱万物，从人类社会拓宽到自然界；二是强调在符合自然生长规律的前提下，合理地开发、利用和保护自然环境。"天人合一"思想是儒家追求的最高境界，与我们今天所倡导的生态文明理念、绿色发展理念高度契合，因此我们可以汲取儒家"天人合一"整体生态观的精华培育新时代大学生生态道德素养。

2.佛家"众生平等"的生态观。佛家秉持"普度众生、善待万物"的自然观，强调慈悲为怀、众生平等生态伦理理念，倡导尊重自然、回归自然、不妄杀世间生灵，用信条指导信徒们素食、放生，对一切生命要怀有怜悯之心，强调无论是高等动物还是低等动物都应被平等对待的理念。佛家文化中蕴含的宝贵的生态成分对今天倡导的生态环境保护、生态素养培育具有一定启示意义。

3.道家"顺应自然"的生态观。道家立足于"道法自然""物无贵贱"视角，站在宏大的宇宙时空观高度思考人与自然、人与万物的关系，强调尊重客观规律，尊重万物原有的生存状态，比如人类开发和利用自然资源时要适度，不能过度攫取和破坏大自然原本的状态，否则无法实现可持续发展。在生态危机日益严重的 21 世纪，深刻理解道家"顺应自然"的生态理念，对引导大学生养成良好的生态意识，积极参与到国家生态文明建设队伍中，实现人与自然和谐永续发展具有重要实践意义。

（二）马克思主义生态自然观

由于马克思所处的历史时代人与自然关系还不是那么紧张，生态问题不太突出，所以马克思没有专门著作系统论述生态问题，而是在批判性地继承前人生态观的基础上，提出了自己对生态问题的认识和看法，形成了独具特色的马克思主义生态观，并零散地体现在他各个时期的研究中。马克思主义生态观体现了马克思对自然界客观规律的遵循，对生态文明的追求，不仅为中国特色社会主义生态文明建设提供了重要启示，也为大学生生态素养培育提供了有力的理论支撑。

在马克思主义生态自然观中，马克思运用辩证唯物主义世界观和方法论深刻分析了人与自然之间的关系，指出"自然界是人的无机的身体，人是自然界的一部分"[①]，深刻阐明了人与自然界的关系。在马克思看来，自然界是一切的本源，没有自然界就没有人，人是自然界发展到一定阶段的"产儿"，人的一切活动都源于自然界，人不能脱离自然界而独立存在的，人必须靠自然界获取来源满足自身的生存和发展需要。人可以发挥主观能动性去适应、创造甚至改变自然。人与自然是相互影响、和谐统一的关系，这是马克思主义生态观的核心和基本立足点。除此之外，马克思在批判分析资本主义制度的本质和资本主义生产方式的基础上，指出资本生产方式是造成生态危机的根源。在马克思看来，只要资本主义生产方式存在就不可能解决生态危机问题，要实现人与自然和谐唯有进入共产主义社会。我

---

① 马克思.1844年经济学哲学手稿［M］.北京：人民出版社，2000：105.

们可以运用马克思主义生态观启发今天的生态道德教育。

（三）新时代生态文明理念

"中国的今天是从中国的昨天和前天发展而来的。"[①] 新时代生态文明发展理念是把马克思主义生态观与新时代生态发展特征相结合的新的发展理念，是中国在社会主义现代化建设过程中提出的关于生态文明建设的发展理念。新时代生态文明发展理念的提出，体现了党和国家对环境保护和可持续性发展的高度重视。

1. 人与自然生命共同体理念。习近平总书记在党的十九大报告中提出了人与自然生命共同体理念，2021 年 4 月在领导人气候峰会上从人与自然和谐共生角度出发，用"六个坚持"全面深刻地阐释了人与自然生命共同体的内涵和核心要义。人与自然生命共同体理念是从人类文明发展的高度，传承创新"天人合一""道法自然"等中国传统文化自然观，借鉴吸收西方现代生态文明理论合理成分，在深刻反思人与自然关系的基础上，创造性地提出来的最新理论成果。人与自然生命共同体，重点强调人与自然相通相连、休戚与共、和谐一致的辩证关系，警示人们要在"道法自然"的前提条件下合理利用和改造自然。因此，新时代大学生应该在人与自然生命共同体理念的引领下积极培育生态素养，做到尊重自然、善待自然，像保护自己的身体一样友好保护自然。

2. 绿水青山就是金山银山理念。"绿水青山就是金山银山"是习近平总书记在 2005 年时任浙江省委书记时首次提出来的，党的十八大以后，总书记在多个场合进行深刻阐述。绿水青山和金山银山是总书记对生态环境保护和经济发展的形象化表达。"绿水青山就是金山银山"生态环保理念打破了经济发展与环境保护对立的思维束缚，深刻揭示了两者的辩证统

---

① 习近平. 习近平在中共中央政治局第十八次集体学习时强调 牢记历史经验历史教训历史警示 为国家治理能力现代化提供有益借鉴 [N]. 人民日报，2014-10-14（01）.

一的关系，为今天经济社会发展中如何将良好的生态环境优势转化为经济优势提供了全新思路和重要指导。新时代大学生要深刻理解环境保护与经济发展的关系，要在如何用绿水青山敲开经济发展大门这个命题上下功夫，做文章，让绿色的生态环境成为新时代人民美好生活的加分项。

3. 良好生态环境是最普惠的民生福祉。党的十八大以来，习近平总书记反复强调生态环境问题是关系民生的重大社会问题，并站在新时代历史起点上，聚焦人民群众反映最强烈的环境问题和热切期盼的提高生态环境质量问题，提出了"良好生态环境是最普惠的民生福祉""环境就是民生"等一系列生态惠民理念。生态文明建设是一项关乎民族未来、人民民生的大计，需要一代又一代人的共同参与、共同建设。新时代大学生作为未来国家生态文明事业的重要推动者，要深刻理解生态惠民、生态利民理念，站在关心人民群众切身利益的高度去思考和推动生态文明建设。

三、新时代大学生生态素养的核心构成

生态素养是一个动态的概念，其内涵和构成要素随社会文明进步和生态文明发展而不断发展。近几年，随着学者对生态素养研究的深入，生态素养的构成要素越发清晰。我们结合新时代我国生态文明建设总体要求和新时代大学生成长与认知规律，将新时代大学生生态素养构成要素概括为生态知识素养、生态意识素养、生态伦理素养和生态行为素养四个方面。

（一）生态知识素养

生态知识素养是指个人对生态系统、生态环境状况、生态危机和人与自然之间的关系等方面的知识和理解。具体来讲，生态知识包括"对生态系统的整体构成及功能的认识、对生态环境价值及功能的认识、对破坏环

境行为危害的认识及具备生态环境保护的知识"①等。生态知识素养是生态素养的基础和前提，学生只有全面了解生态系统的运行规律、生态环境对人类生存与发展的价值与影响、破坏生态环境带给人类的后果以及如何保护生态环境和解决生态危机等生态基础知识，才能产生保护生态环境的意识、思维和行为。

（二）生态意识素养

习近平总书记在每年参加义务植树时，都会围绕开展义务植树、加强生态环境保护作出重要指示，因此，对植绿护绿爱绿内涵的理解也在不断深化和拓展。2017 年 3 月，总书记在参加首都义务植树活动时强调"培育热爱自然、珍爱生命的生态意识"。生态意识体现的是个体对环境保护和可持续发展的主观态度。生态意识不仅是生态素养的核心组成部分，也是个体塑造生态思维方式和养成稳定生态行为习惯的前提和基础。面对日益恶化的生存环境和频繁爆发的生态危机，高校应着重培育大学生的生态意识，使大学生认识到保护生态环境的重要性和提高生态素养的紧迫性，认识到自身与自然之间的关系。

（三）生态伦理素养

"伦理"一词属于道德准则范畴。生态伦理是一种关注人类与自然环境之间的伦理关系和道德观念的思想理念，强调人与自然相互依存之关系，探讨人类该如何与自然和谐相处，以实现可持续发展和生态平衡。所以，生态伦理素养以正确认识人与自然之间的关系为前提，以理解自然环境是人类赖以生存环境和发展的基础，要求人们敬畏自然、珍惜生命、保护生态环境，树立人与自然和谐相处的道德观。

① 马妍. 生态文明建设视域下的大学生生态素养提高对策研究［D］. 哈尔滨：东北林业大学，2015.

（四）生态行为素养

生态行为素养是指个体在日常生活中表现出来的关注和保护生态环境的能力和意识，强调个体的行为和决策对生态环境的影响，并倡导采取可持续发展的行动来减少环境负面影响。生态素养的高低往往通过生态行为素养来反映，而生态行为素养又通过个人日常生活行为和集体行为体现。具体来讲，主要体现为个人把生态知识、生态意识、生态伦理转化为实际的生态环保行为。比如在日常生活中，个人能够采取绿色、环保、低碳的生活方式，养成节约资源、保护环境的生活习惯，并以身作则引导和影响周围的人，加入生态环境建设队伍，就是良好生态行为素养的表现。个人只有把自身所掌握的生态知识、形成的生态意识、秉持的生态伦理转化为实际行动，才能为生态文明建设和美丽中国建设贡献力量。

第二节 新时代大学生生态素养培育的价值意蕴和现状分析

一、新时代大学生生态素养培育的价值意蕴

进入新时代，人们对美好生活有了更多向往和期待，美好的生活自然包含环境的美好。但当今全球整体生态情况并不乐观，恩格斯提出的"自然报复"的断言已成为现实，全球变暖、极端天气增多、海洋污染、森林砍伐、土地退化等生态问题困扰着人们，严重的生态危机迫使全世界开始关注生态问题。因此，在生态保护已列为全人类共同义务的今天，提升大学生生态素养迫切而又必要。

（一）大学生生态素养培育是推进生态文明建设的必然要求

生态文明是一个永恒的话题，可持续发展是当代人类的现实选择，人类的生存和发展永远离不开生态文明的保障。党的十八大作出"大力推进生态文明建设"的战略决策，并把"生态文明建设"融入经济建设、政治建设、文化建设、社会建设框架中；党的十九大将"美丽"纳入社会主义现代化强国目标，中国已全面开启生态文明建设新篇章。

加强生态文明建设，实现人与自然和谐共生是全人类共同的价值目标，但如何实现处理人与自然的关系，如何实现人与自然和谐共生，这些都与公民的生态素养息息相关，但人不是天生的生态守护者，人的生态素养需要后天的教育。因此，培养新时代大学生生态素养，引导新时代大学生学习生态知识，培育生态意识，深刻理解人与自然和谐统一辩证关系，履行尊重生态环境、爱护大自然的义务，并用自己的实际行动去影响他人积极参与到保护环境、治理环境队伍中，将对我国生态文明建设有积极的作用。因此，在此意义上，大学生生态素养的培育是推动生态文明建设的题中之义和必然要求。

（二）大学生生态素养培育是基于全面发展人才观培育的现实需要

任何时代的教育都要以塑造、培养其所需要的人才为价值目标。随着生态危机不断蔓延和全球环境问题的日益突出，培养具有高水平生态素养的大学生已成为当今社会的迫切需求。新时代的大学生是文化层次较高的社会群体，是祖国的未来、民族的希望，肩负着建设社会主义现代化强国的重大使命，也一定是生态文明事业的重要推动者和传承者，其生态素养的高低关系到整个民族生态素养水平，在我国大力推进生态文明建设的现实语境中，提升大学生生态素养，塑造其正确的生态人格，使他们能够理解生态系统的重要性，关注自然资源的合理利用，并积极参与到环境保护行动中，做到在发展自我的同时敬畏自然，尊重他人，无疑是顺应全面发展人才观的现实需要。

（三）大学生生态素养培育是提高高校思想政治教育实效性的有力举措

任何时期的高校思想政治教育都要符合时代精神、紧跟时代发展步伐，与促进社会发展的时代任务紧密联系在一起，这也是彰显思想政治教育的生命力和实效性的关键之处。因此，在朝着社会主义现代化强国奋斗的今天，高校要肩负起新时代赋予的新使命，答好思想政治教育的新问卷，根据时代发展之需不断充实和完善思想政治教育的内容，有效调整教育的方法和手段，将生态文明教育作为高校思想政治教育工作的重要补充，把生态文明知识融入思想政治理论课课程和教学体系中，深化大学生对生态文明理念这一重大时代课题的认知，通过培育生态素养引导大学生树立自然、人、社会和谐共处的历史使命感和社会和谐发展的责任担当，真正将新时代大学生培养成美丽中国的建设者和传承者。

二、新时代大学生生态素养的现状分析

生态文明建设是党和国家领导人站在新的历史起点，为实现人与自然、人与人、人与社会的和谐统一，最终促进人类社会的协调发展而对未来国家发展作出的规划性建设。生态文明建设的目标是创造生态文明，生态文明需要与之相适应的生态公民和生态公民教育，摸清新时代大学生生态素养现状和困境是开展教育的重要环节，决定着教育的方向、纬度和成效。近几年，随着我国生态文明建设的深入推进和蓬勃发展，尽管很多高校纷纷在大学生思想政治教育工作框架下思考和开始研究大学生生态素养培育问题，并取得了一些成绩，但在某些方面仍存在着困难和挑战。

（一）学生生态知识储备不足

尽管我们不能把生态素养简单理解为生态知识，但是一个具备生态素

养的人一定以足够的生态知识为基础。从我国学者调研情况来看，大学生生态知识素养整体情况并不乐观，并且知识水平参差不齐，生态学、环境科学、环境工程等相关专业的学生由于接受了更加系统和专业的生态知识学习，因此他们对生态知识有较为深入的了解，但是非相关专业的学生，生态知识储备明显不足，对生态问题的了解相对较浅。如有学者的调查结果显示，只有 50.6% 的同学知道世界环境日是什么时候，竟有 49.4% 的同学并不知道确切时间 [1]。有学者的问卷结果显示，55.2% 的大学生不知道环保问题的举报热线电话，对于环保问题相应的环保措施有所了解的学生就更少 [2]。作为思想政治理论课一线教师，在与学生沟通交流中发现，多数大学生对习近平生态文明思想、国家大力推进的社会主义生态文明建设以及近几年出台的生态环境保护法律法规及相关政策了解甚少，这些问题反映出了新时代大学生生态知识素养亟待需要提高。

（二）学生生态责任意识薄弱

　　生态责任意识能够使学生更加关注环境问题，认识到自己的行为将会对环境产生某种影响，从而促使学生采取积极的行动保护环境。从学者们的问卷调查结果分析，随着生态危机的日益深化，大学生的生态责任意识也较之前有所提升，但在某些方面仍有待继续加强。如在学者的调查问卷中，当被问到"发现同学随地扔垃圾你怎么做？"时，高达 45.5% 的同学认为这种行为不好，但又表示不采取任何行动，还有 11% 的同学表现出无所谓态度，选择"阻止他人的行为，并教育他人"仅占 19.3%。[3] 由此可见，很多学生生态意识并不高，有种"事不关己高高挂起"的心态。有学

---

① 宋韵洁. 大学生生态价值观培育研究［D］. 西安：西安理工大学，2018.
② 罗红玉. 新时代大学生生态文明素养培育研究［D］. 西安：西安科技大学，2019.
③ 阮晓莺. 大学生生态素养的现状调查及路径选择——以福州地区高校为例［J］. 怀化学院学报，2016（12）：114–116.

者对大学生生态意识给予了关注，通过在问卷中设置"您购物时注意环保标志吗？"的问题考查学生的生态意识。结果显示，50% 的学生选择了一般不会注意，17% 的学生表示根本没有意识到这个问题，30% 的学生选择了其他答案，仅有 3% 的学生选择会积极关注 ①。由此看来，多数学生生态主体意识、生态责任意识仍然不强，认为生态环境问题是国家的事情，是政府的责任，与自身没有多大的关系。大学时期是大学生关键塑型期，大学生一旦接受了某种信念就会对人生态度产生深远影响，因此，大学时期是开展生态素养教育的最佳时期。

（三）生态文明践行度不高

大学生生态文明践行度不高具体体现为在日常学习和生活中实际行动不足或意识转化不完全，能够自觉遵守公民生态环境行为规范、积极参与生态公益活动的学生较少。如有学者在调查问卷中问到是否有自带购物袋去超市的习惯时，83 个同学表示在去超市购物时会经常自备购物袋，273 同学选择偶尔自备购物袋，95 个同学选择不会自备购物袋，24 个同学表示不在意。这表明不少同学并没有把生态文明知识落实到具体的实践中。在"废旧电池的处理方式"问题上，31.4% 的学生选择了投到废旧电池回收箱，21.6% 的同学选择随便扔到垃圾桶或垃圾袋里。稳定的行为习惯是衡量生态素养的关键指标，生态知识的学习、生态意识的培育最终的落脚点是生态行为的践行，通过以上分析，大学生的生态行为素养仍需要提高。

三、新时代大学生生态素养现实困境的内在原因

生态问题从根本上来说是人的问题，归根到底是由于人类不正确的自然观和不恰当的行为实践造成的，因此解决生态问题关键在人，人并不是

---

① 罗春阳. 大学生"生态观思想政治教育"问题研究［D］. 吉林：吉林大学，2018.

天生的环境保护者，人的生态素意识和生态思维的唤醒靠的是后天的教育。尽管近几年我们强调重视公民生态素养教育的呼声越来越大，但是并没有取得显著的成效，其原因主要在于以下几个方面：

（一）高校对大学生生态素养培育重视程度不够

高校作为大学生生态素养培育的主阵地，但在提升学生生态素养方面并没有充分发挥其应有的作用，主要体现在以下几个方面：第一，在社会竞争如此激烈的今天，很多高校更加重视创新型、科研型、创业型人才培养，忽视了对大学生素养培养的重要性，因此，大学生迈进大学后，更多关注的是考证、考研、考公、就业、创业，甚至一些学生认为生态素养是"无所谓"的事情[1]。第二，课程设置不够完善。学校的教育体系和课程设置在大学生生态素养培育方面起着关键作用，如果学校在课程设置中忽视了生态教育的综合性、跨学科性，会导致生态知识传授零散化和形式化。目前除了生态环境保护专业学生能够系统学习专业知识外，大部分高校尚未将生态环境保护课程列为大学生公共课程，有的学校虽开设有选修课，但没有取得应有的效果，有需求的学生只能依靠网络获得一些零散的生态知识。第三，思想政治理论课是传播主流意识形态的主阵地，自然应该担负起大学生生态素养培育的责任和使命，但作为生态素养培育核心力量的多数思政课教师并没有接受过专业学习和系统培训，对生态知识了解不够系统和深入，在课堂教学上不能以专题的形式深入、系统地向学生传授生态知识，且教育方式方法较为传统和单一，很难达到润物细无声之效果。

（二）育人模式未达成有机联动

大学生生态素养培育任重道远，需要构建社会、学校和家庭有机联动

---

① 李金凤，陈育钦.基于美丽中国视野下提升大学生生态文化素养的若干思考[J].全国商情：经济理论研究，2013（43）：66-68.

机制，但是现状是学校、社会和家庭教育脱节致使培育效果大打折扣。学校方面，多以传统的理论化教学为主，缺乏实践这一重要环节，不能有效地将"第一课堂"与"第二课堂"有机结合，导致学生知行不合一，进而影响培育效果；社会方面，尽管经常开展生态知识的宣传活动，但宣传内容更多侧重于浅层次的生态破坏和生态危害方面，而那些不常见或潜在的生态问题则往往得不到较好的宣传，从而造成大学生对生态问题的认识不够系统和全面；家庭方面，很多家庭更加重视的孩子的成绩、证书、就业等问题，生态素养的养成往往被忽略。此外，一些社会公共服务机构和团体作为生态文化教育的重要组成部分，并没有发挥应有的功能和责任。

（三）把生态素养教育等同于生态知识传授

缓解人与自然紧张关系以及应对生态危机最有效途径是开展生态文明教育，生态文明教育是实现生态文明的基础，也是生态文明建设的重要组成部分。西方国家早在20世纪70年代就意识到教育对公民综合素质提升的重要性，因此，也重视公民生态素养培育，强调从生态知识、技能、价值观与态度等方面对公民开展生态素养培育。在我国，面对逐渐恶化的生存环境和不断爆发的生态危机，尤其是新时代面对生态环境领域凸显的主要矛盾，各个学校也开始思考和研究学生生态素养问题，但在实践过程中，无论是社会科普工作者还是学校思想政治教育工作者往往把生态素养培育简单等同于生态知识传授，把思想政治理论课作为学生在高校接受生态素养培育的固定和唯一渠道，把培育的侧重点放在对学生生态理论知识的灌输上，而忽视对学生生态意识、生态观念和生态思维的塑造和培养，因此并没有达到预期的效果。

第三节　新时代大学生生态素养的提升策略

一、新时代大学生生态素养培育的现实保障

生态文明是人类生存与发展的永恒期盼，还自然以绿色、和谐、美丽是我们每个人的使命和责任。党的十八大以来，以习近平同志为核心的党中央站在人类生存与发展的高度探讨生态问题，谋划生态文明建设，反复强调"人与自然生命共同体"理念和"绿水青山就是金山银山"理念，并向全国人民发出了建设"美丽中国"的时代号召，为新时代大学生生态素养培育提供了道德引领、价值引领和行动引领。

（一）"人与自然生命共同体"理念：新时代大学生生态素养培育的道德引领

"人与自然生命共同体理念"是习近平总书记在深刻分析人与自然的辩证关系之后提出来的新时代生态文明发展理念。人与自然生命共同体理念与中国传统的"天人合一"思想，与马克思主义的"人与自然和谐统一"生态观是高度吻合的，这一理念深刻地揭示了人与自然之间的辩证关系：自然是人赖以生存和永续发展的有机载体，是人成长的摇篮，人是自然的一部分，人与自然是一个相互依存、紧密联系的有机整体。因此，人类要生存和发展就不能把人与自然割裂开，并且必须改变自我为中心的惯性思维。"人与自然生命共同体理念"不仅是中国共产党人矢志不渝的追求，并且是全社会的共识，为新时代的大学生提供了道德引领。新时代大学生应该在"人与自然生命共同体"理念的道德引领下积极培育生态素养，正确认识人与自然之间的关系，要像保护自己的生命一样保护生态环境，积极投身到"美丽中国"建设中，做一名具有生态素养的建设者和主力军，

为实现富强民主文明和谐美丽的社会主义现代化强国目标贡献青年之力。

（二）"绿水青山就是金山银山"理论：新时代大学生生态素养培育的价值引领

"绿水青山就是金山银山"理论是习近平总书记辩证分析生态环境与经济发展两者关系后提出来的，是指导新时代中国生态文明建设的生态辩证法。总书记的"两山论"重在强调以长远的发展眼光看待自然环境，按照实际需要的尺度去利用自然，有效地将良好的生态环境优势转化为生态经济优势，最终实现人与自然、经济与社会和谐统一。绿水青山就是金山银山理论为新时代大学生生态素养培育提供了价值引领，一方面要自觉树立人与自然、人与人、人与社会和谐相处的生态伦理观，反思人类活动对自然资源的伤害，回归理性；另一方面要依靠科学的力量利用自然、保护自然、修复自然，实现自然生态系统的平衡和绿水青山与金山银山的辩证统一。

（三）"美丽中国"建设：新时代大学生生态素养培育的行动引领

党的十八大提出"努力建设美丽中国，实现中华民族永续发展"，十九大报告把美丽作为强国目标。"美丽中国"建设理念是习近平总书记对加快新时代生态文明建设的重大部署，是对中国传统生态文化观的批判性继承和创新性发展，为新时代大学生生态素养培育提供精神、价值和行动引领，提高大学生生态素养是建设美丽中国的核心与关键。要实现这一目标一是需要强化大学生的生态观念与意识，树立正确、科学的生态价值观；二是要促使大学生增加生态知识储备，了解生态问题的原理与有效防御机制；三是要真正将生态知识、生态观念、生态思维转化为实际行动与行为习惯，推动美丽中国建设和生态文明建设。

二、新时代大学生生态素养的提升策略

随着人们生态意识的萌发和不断觉醒，人们逐渐认识到单纯依赖政府强制干预或者技术手段对生态环境进行保护和治理，已无法还自然以绿色、和谐、美丽，无法实现预期目标，构建以人为主体的生态素养培育模式对环境保护和生态治理可能是一条更优的选择，于是生态文明建设倡导者、生态环境研究者便把研究重点聚焦到了主体生态素养的培育上。生态环境保护关乎社会未来发展，生态文明建设涉及社会、经济、生态各个维度，是一项长期而又艰巨的工程，仅靠学校是无法完成和现实的，需要调动政府、社会、学校、家庭以及个人等方面的力量。

（一）建立多元协同机制

1.企业、环保组织、政府、高校、媒体的通力合作。大学生生态素养培育是一项系统化工程，需要企业、环保组织、政府、高校、家庭、媒体以及个人的通力合作。企业可以为大学生生态素养培育提供实习实践基地，也可以通过与高校构建产学研合作模式为大学生生态知识的学习、研究和成果转化提供良好平台，使学生能够将生态理论知识运用实际运用到实习实践中，真正做到学以致用、学用结合；环保组织可以为大学生生态实践活动提供信息、资金与法律等方面的支持和援助；政府应该加快推进生态文明法制体系建设，建立健全与生态文明相关的制度、政策、法律、法规，并完善相关的监督制度，全面弥补在生态环境领域存在的制度缺位现象，让人们有法可依。可以制定新形势下加强大学生生态素养培育的相关政策，细化政府、媒体、环保组织、企业、高校在加强大学生生态素养培育中的职责。另一方面可以为有条件、有想法的青年大学生从事低碳环保、高科技、可循环等创业实践活动提供良好的平台和机会，鼓励更多的青年大学生敢于担当生态创业的主力军，在解决就业难题的同时又能推动生态环境保护事业的发展；最后，高校、环保组织与政府还可以组织各类生态公益

活动，通过媒体的宣传、导向和监督，吸引更多大学生积极主动参与到生态环境保护事业中，为我国生态文明建设贡献青春力量。总之，生态文明建设是一项复杂工程，需要充分调动社会各方面的积极参与形成强大的合力，积极为大学生生态素养的培育提供有力的制度、政策、资金保障。

2. 家庭对大学生生态素养的培育和提升起着至关重要的影响。佩德里兹曾说过："小时候没有养成对自然界道德态度的人，长大后成为生产者时对他进行的为时已晚的职业道德培养的诸多努力已是无济于事了。"[①] 可见，家庭对个人生态素养的影响和熏陶是非常大的，当我们的学生成长在一个良好的家庭氛围中，他可能在日用而不觉的状态下塑造了生态人格，相反，如果一个家庭完全不重视生态保护，那么子女在成年之后可能需要花费更多的时间和努力去塑造自己的生态人格。因此，要给予下一代孩子良好的生态素养教育和熏陶，首先要求父母树立正确的生态观，塑造良好的生态素养。

3. 大学生生态素养的提升主要是需要个人的自觉和努力。个人的主体意识将决定着事情发展和转型的方向与成败。在大学生生态素养培育问题上，大学生自身起着至关重要的作用，大学生必须通过个人自我意识的觉醒和自身努力，提升自己的生态素养，成为生态保护的倡导者和实践者。具体在实践中，大学生可以从以下几个方面做起，加强对环境知识的学习，了解环境问题的现状，认识到自己的行为对环境的影响；积极参与校园或者社区的植树造林、垃圾清理等环保活动，真正为环境保护贡献自己的力量；养成良好的环保习惯，从节约用水用电，学会垃圾分类处理，减少白色垃圾的使用等小事情上做起。个人的行为也会对周围人产生示范和影响，将会形成积极的环保氛围，共同推动社会整体生态素养的提升。

---

① 蒋笃君. 构建中国特色公民生态教育模式的探索 [J]. 河南工业大学学报, 2017 (3): 115-120.

（二）学校是大学生生态素养培育的教育者和推进者

21世纪高校可持续发展的新方向，就是通过生态教育把大学生培养成为公民生态素养的建设者和传播者。生态素养培育最基本开展方式就是学校教育，高校作为传播知识、传承文化和培养人才的重要场所，对大学生生态素养培育是责无旁贷。塑造大学生生态品质和生态人格，培养出一大批的具有生态责任意识的青年人投入生态文明建设实践，为实现美丽中国建设提供强有力的人才保障已成为新时代高校思想政治教育工作的重要内容，也是提高思想政治教育实效性的新着力点。

1. 促进生态知识进校园、进课堂、进学生头脑。高校作为大学生生态素养培育的主阵地，首先，要充分发挥课程教学的主渠道作用，不断加强生态素养课程体系建设，增设生态知识教育相关课程作为大学生公共必修课或选修课，通过构建思想政治理论课和生态知识理论课相结合的生态教育教学体系，切实推动生态知识进校园、进课堂、进学生头脑；其次，利用"世界环境保护日"等重要时间节点，面向学生大力宣传生态环境保护相关知识，让大学生深刻理解保护生态环境就是保护生产力的内涵，以强烈的责任感和使命感加入生态文明建设大潮，真正做生态文明建设的重要参与者、贡献者、引领者；最后，开展生态知识专题讲座。学校宣传部、后勤处、学生处、教务处以及马克思主义学院等职能部门（学院）可以邀请本领域专家或教授为学生开展专题讲座，让大学生深入了解生态环境的现状以及当前面临的生态难题等现实问题，引导大学生树立节源意识，减少各种资源的浪费，在日常生活中养成勤俭节约、适度消费和绿色消费良好习惯。

2. 重视思想政治理论课在大学生生态素养培育中的作用。课堂教育是提高国民素养、培育社会所需人才的基础平台，因此，课堂教学是大学生生态素养提升的必由之路，思想政治理论课自然要承担起学生生态素养培育的重任，将生态知识、生态伦理融入思想政治理论课教学框架中是课堂教学应该遵循的原则。首先，讲透知识点。在努力建设美丽中国的今天，结合生态前沿问题，把生态世界观、生态价值观、生态伦理、生态法治规范等内容巧妙有效地融入思想政治理论课课堂教学中，不仅是思想政治理论课的时代使命，也是其彰显实效性的突破口。比如在"思想道德与法治"课程教学中，要重点讲授生态道德、生态伦理以及生态文明相关法律法规，强化大学生保护自然的责任感和使命感，从而引导大学生树立正确的世界观、人生观和价值观。在"马克思主义基本原理"课程中思政课教师要讲清楚马克思主义生态观，让学生深刻理解人与人、人与自然、人与社会的辩证统一关系，学会用辩证的思维分析和处理人与人、人与自然、人与社会之间的矛盾；其次，注重方式方法。打造有生命力、有吸引力、有温度又接地气的思政课堂需要根据新形势发展的需要和大学生个体发展的具体状况，不断创新教学方法。思政课教师要学会借助新兴媒体技术设置生态文化情景，或者在课堂上组织学生观看生态环境相关的纪录片或者电影，让大学生沉浸式置身于具体的生态文化情境中，通过共情引起共鸣，激发大学生的生态情感，提升大学生生态意识。

3. "三全育人"视域下构建大学生生态素养培育机制。生态素养培育需要整合一切可以整合的资源，配置一切可以配置的要素，调动一切可以调动的力量，最终发挥整体功效。因此，在"三全育人"框架下塑造新时代大学生的生态人格，培育出符合时代发展的优秀人才是新时代高校思想政治教育新的增长点。首先，高校要构建起一套统一领导、齐抓共管和共同参与的全员育人格局，学校党委要高度重视，把大学生生态素养教育纳入学校发展总体规划，鼓励全体行政管理人员和专任教师积极参与大学生生态素养培育工作。生态素养教育直接部门，比如学生处、校团委、后勤处及各个学院要结合各自职责开展生态活动；专任教师要把生态知识恰当、及时地贯穿到课程教学中，真正打造全员育人格局。其次，构建全过程育人格局。把生态素养培育纳入人才培养方案，贯穿到整个大学阶段。充分发挥课堂的主渠道作用，将生态素养培育全方位地融入教育教学和大学生成长成才过程之中。此外，还可以通过校园公众号发布相关的生态知识或者构建网络课堂等形式建设生态素养培育的新阵地；最后努力构建全方位育人格局，通过第二课堂的形式，让大学生走出校园，走进大自然，开展生态环境保护相关活动，真正实现育人目标。

（三）传承中国传统生态文化，涵养大学生生态素养

中国传统生态伦理思想是中国传统文化的瑰宝，与当今生态思想有高度的契合性，具有不落窠臼的前瞻性和时代性。挖掘、提炼、阐释中国传统生态伦理思想中的精华部分，把具有现代价值的传统生态文明理念运用到新时代生态文明建设中无疑具有重要的现实意义。

1. 以"天人合一"的生态伦理培养新时代大学生人与自然和谐共生的生态和谐观。"天人合一"思想是儒家思想关于人与自然关系的最早表述，是中国传统生态伦理思想的核心，认为天、地和人同处于一个整体系统中，人作为整体系统的一部分，要顺应天道、按客观规律办事，才能达到人天合一。因此，"天人合一"从伦理学的视角强调的是天与人的和谐共生。新时代，习近平总书记站在建设美丽社会主义现代化强国的新起点上，提出了"人与自然和谐共生"的现代化生态理念。总书记人与自然和谐共生理念是对"天人合一"生态伦理观的继承和发扬。新时代大学生要立足于人与自然和谐共生理念，深刻认识保护自然环境、实现绿色发展的重大意义，积极培养人与自然和谐共生的生态和谐观。

2. 以"众生平等"的生态价值取向引导新时代大学生树立尊重自然的生态价值观。佛家"众生平等"生态观启示人们：人与世界万物虽然有质的不同，但作为自然界的其中一部分，两者没有上下之别、高低之分，人不能凌驾于自然之上去主宰万物。因此，新时代大学生要深刻理解"众生平等"生态价值取向，理性地看待人与自然、人与万物之间的关系，以博

爱的思想去爱自然界、爱世界万物，树立正确的生态价值观。

3. 以"节用爱物"的生态思想塑造大学生低碳环保的生态道德观。勤俭节约是中国民族几千年以来的传统美德，中国传统文化历来提倡勤俭节约，注重对自然资源的节约与爱护。党的十九大报告指出：在绿色低碳领域培育新增长点，这是建设美丽中国的重要途径。从古代节用爱物到新时代的低碳生活虽然提法有别，但都是主张对待自然资源要节制和爱护，这是可持续发展思想在不同时代背景下的体现，更是当下建设美丽中国的必然要求。因此，新时代大学生要积极践行习近平总书记提出的绿色、循环、低碳发展理念，为建设节约型社会积极贡献青春之力。

结 语

我国在全面建成小康社会的过程中，生态文明建设已被提升到了"五位一体"战略高度，是一个重要的奋斗目标。在党的十七大报告中，就已将生态文明建设列入总体战略，而在党的十九大中更是作出了"大力推进生态文明建设"的重大战略决策。在社会主义建设的进程中，对生态文明建设的要求和建议不断提出。高等院校是培养我国中高端人才的专业基地，对于全社会的生态文明建设和文明化进程具有至关重要的作用。因此，高校应认识到大学生生态文明素质建设的重要性，不断创新教学方法，培养具有良好生态文明素质的人才。大学生生态素养的培养具有的重要性不言而喻。

大学生是未来社会的中坚力量，生态素养培养将直接关系到未来社会的生态环境和可持续发展。通过培养大学生的生态素养，可以促进生态文明建设的发展。生态素养的培养，可以让他们更加了解自然，尊重自然，从而减少对自然的破坏和污染。可以让大学生更加意识到环境问题的严重性，进而积极参与到环保行动中去。可以让他们具备更强的社会责任感和创新精神，以解决生态环境和可持续发展面临的问题，促进社会经济的发展和进步。也可以让他们更具有综合素质和竞争力，在未来的社会和职场上更具有竞争力。

大学生作为高等教育的重要群体，其生态素养培养也将成为全民素质教育的重要组成部分，对于提高全社会的生态文明素质也具有重要的推动作用。可以使他们更加关注可持续发展，了解可持续发展的概念和实践，从而在未来的工作和生活中积极推动可持续发展。可以帮助大学生更好地理解自然生态系统的复杂性，从而增强他们的创新能力，发掘并解决环保问题中的技术和创新挑战。也可以提高他们的社会影响力，更好地发挥社会责任，推动社会发展。

大学生生态素养的培养具有重要的意义和作用，不仅关系到未来社会的生态环境和可持续发展，也是大学生综合素质的重要组成部分，对于促进社会和经济的发展和进步具有重要的推动作用。

第七章

网络素养：核心素养的拓展

随着新媒体技术的迅猛发展，我们进入了"人人皆媒体"的时代，铺天盖地、真伪并存的网络信息让人应接不暇、无所适从。被喻为"科技哺育的一代"的青年大学生在万物皆媒、万物可联的时代与网络融合度极高，其思维模式、价值判断、情感态度和行为方式深受网络影响。因此，开展大学生网络素养教育，引导大学生在网络世界中学会生存和自我保护已成为新形势下高等教育的一项新使命、新要务，既是时代发展之需，也是建设网络强国、培育担当民族复兴大任时代新人的题中之义。

第一节　新时代大学生网络素养的内涵及其理论基础

网络素养（Digital Literacy），即人们在网络环境下使用信息技术的能力，具体来说，网络素养涉及网络使用和管理、信息判断和筛选、网络交流与协作、网络安全和隐私保护、网络规范和网络道德等方面的内容。良好的网络素养有助于大学生更好地利用网络资源、提高网络参与和创造能力、规避网络侵害的风险，促进大学生健康发展。

一、新时代大学生网络素养的内涵

人类社会已经进入互联网新的发展阶段，信息技术革命划时代地开创了人类感知、认识和改变世界的新方式，随之而来的是人们创造出新的社会行为类型和新的社会发展方式，网络素养也日益成为学者关注的课题。

（一）网络素养的内涵

"网络"一词原指社会群体间、社会成员间和群体与其成员间复杂的网状联系①。在计算机领域中，网络是信息传输、接收、共享的虚拟平台，通过它把各个点的信息汇聚到一起，再通过它把信息分享出去，从而实现资源的共享。因此，开放、互联、共享构成了网络的核心理念。

"网络素养"概念由"媒介素养"延伸而来，故又被称为"网络媒介素养"，可简单理解为网络时代的媒介素养。"媒介素养"（Media Literacy）这一概念由英国学者利维斯与桑普森于 20 世纪 30 年代首次在著作《文化与环境》中提出，他们认为应"培养学生的媒介批判意识与反思精神，从而使学生抵御大众传媒文化方面的不利因素与影响"。此后，媒介素养研究在美国、法国、加拿大、澳大利亚、日本等国家不断发展壮大。

网络素养是互联网和信息技术快速发展的产物，随着互联网由最初的技术应用和信息获取平台转变为大众传播媒介，网络素养愈发受到人们的关注，其内涵也随着信息技术的发展和网络环境的变迁而不断丰富。美国学者麦克库劳（C.R.McCLure）首次提出和界定了网络素养的概念，他认为网络素养是"了解网络资源并在网络上获取信息并进行处理，以解决有关问题的能力"，强调知识和技能是判断个人网络素养状况的关键因素。英国学者斯坦利·巴兰（Stanley J.Baran）认为网络素养包括认识有关媒介、理解大众传播、分析媒介信息有关策略、了解媒介文化与生活内容、了解

---

① 张景春.论"网络世界"的伦理构建［J］.自然辩证法研究，2004（7）：100-103.

媒介能力和媒介工作伦理道德规范、掌握媒介产品生产技能等内容。学者萨拉·博尔达认为网络素养的内涵是除了有网络理论知识和网络操作能力，还包括人与人的网络交往能力。

我国学者对网络素养的研究起步较晚，并且在理论架构和实践操作等方面均与国外不同。中国社科院卜卫教授是我国最早研究网络素养的学者。卜卫认为网络素养是"了解网络基础知识及掌握管理能力、具有创造信息能力及具备网络安全保护能力"。四川大学陈华明教授认为网络素养是"理性地运用网络信息为个体的生存和发展服务"。[①] 郑春晔、贝静红、杨丽英等学者也界定了网络素养内涵。此后，不断有学者对网络素养的内涵进行丰富和扩充，认为网络素养既包括网络使用的技能与常识，还包括网络使用态度以及对网络负面影响的理性批判。

（二）网络素养与相近概念的区别

网络素养不同于信息素养和媒介素养，网络素养教育也区别于网络思想政治教育，在此需要加以区分。

1. 网络素养与信息素养的区别。网络素养是指个人在使用互联网和数字技术方面的知识、技能和态度。它强调在网络环境下获取、处理和交流信息的能力，包括对互联网的基本了解、网络安全意识、信息搜索与评估的能力、在线沟通与合作的技巧以及对数字内容的创造和共享的认识。信息素养则更广泛地涵盖了在各种媒介环境下获取、评估和利用信息的能力。它强调在传统媒体和数字媒体中识别、评估和使用信息的能力，包括对信息需求的确定、信息搜索和筛选的技能、信息评估的能力以及信息应用和传播的能力。

除了内涵的不同，两者的差异还体现在以下几个方面：第一，两者提

---

① 陈华明，杨旭明. 信息时代青少年的网络素养巧育 [J]. 新闻界，2004（4）：32—33.

出时间不同。信息素养的概念是美国信息产业协会主席保罗·泽考斯基于1974 年提出来的。[①]1998 年，美国图书馆协会提出了被普遍认同的定义。随着互联网技术的成熟和全面普及，1994 年网络素养的概念被提出，在信息素养的基础上增加了许多新的内容，并逐渐发展成为一个独立的研究领域。第二，两者的侧重点不同。网络素养作为信息素养的一个重要组成部分，它侧重于个人在互联网和数字技术环境下的能力发展，更加专注于互联网和数字技术方面的知识和技能。信息素养则是人们在各种媒介环境中理解、评估和利用信息的能力。可以说，信息素养侧重于信息，而网络素养侧重于网络空间的人。第三，两者的价值定位不同。虽然两者对个人的学习、工作和生活都具有重要意义，但信息素养是指人们解决信息问题的能力，而网络素养是指人们在网络中生存和发展的能力。

2. 网络素养与媒介素养的区别。媒介素养是指个人对不同媒介形式的理解和运用能力，包括对传统媒体（如书籍、报纸、电视等）和新兴媒体（如互联网、社交媒体、移动应用等）的认识和应用技能。媒介素养主要强调对信息来源的选择和评估，媒体内容的解读和分析，以及与媒体互动的能力。网络素养更加侧重于个人在使用互联网和数字技术方面的能力，包括对互联网的基本了解、网络安全意识、信息搜索与评估能力、在线沟通与合作的技巧，以及对数字内容的创造和共享的认识。

除了上述内涵的不同，两者的差异还体现在以下具体方面：一是两者提出时间不同。媒介素养的概念提出于 20 世纪 30 年代，网络素养的概念提出于 20 世纪 90 年代。二是载体不同。网络素养因网络而生，而媒介素养的载体是广播、电视、报纸、书籍，以及网络、社交媒体、移动应用等媒介物。三是两者侧重点不同。网络素养更加专注于网络和数字领域的技

① Zurkowski P G. The Information Service Environment Relationships and Priorities［DB/OL］.［2020-01-10］. https://files. eric. ed.gov/fulltext/ED100391.pdf.

能和知识，而媒介素养则更广泛地涵盖了传统媒体和新兴媒体的使用。

在现代社会中，数字媒体已经成为主要的信息传播渠道，网络素养和媒介素养都对大学生的全面发展具有重要作用。良好的网络素养和媒介素养可以帮助大学生更好地理解和应对媒体环境中的信息，有效地利用各种媒介资源，以及参与社交、教育、工作和娱乐等领域的活动。尤其在新时代的今天，网络素养是中国从网络大国向网络强国阔步迈进的一项重要观测点。中央网信办、教育部、公安部等部门从 2014 年开始每年举办国家网络安全宣传周，党的十九大报告用大量篇幅部署中国网信事业发展，党的二十大提出加快建设网络强国目标，因此新时代提升大学生网络素养迫在眉睫。

3. 网络素养教育与网络思想政治教育的区别。尽管网络素养教育和网络思想政治教育有相似之处，例如都是通过教育达到某种目的，都涉及对网络环境的认知和规范，但它们的侧重点和目标均有所不同。网络素养教育着重培养学生运用网络的能力，而网络思想政治教育着重培养学生的思想道德品质；网络素养教育更加侧重于培养学生在使用互联网和数字技术方面的能力，而网络思想政治教育更注重培养学生在网络空间中具备正确的思想政治观念、理想信念、政治认同以及价值认同；网络素养教育强调认识网络、获取网络信息、参与网络活动乃至引导网络发展的能力，而网络思想政治教育以服务学生成长成才为目标，强调的是利用网络开展大学生意识形态教育、社会主义核心价值观教育，是互联网＋思政的创新探索，实现的是思想政治教育与信息技术的高度融合。

在教育教学实践中，可以将网络素养教育和网络思想政治教育结合起来，培养学生全面应对互联网时代挑战的能力，使学生既具备良好的网络素养，又具备正确的思想政治观念和行为准则，从而在网络空间中学会生存、全面发展。

（三）网络素养的特征

1. 网络素养具有综合性。网络素养是一个综合性的概念，主要体现在两个方面：一方面，网络素养强调的是一种综合性的品质，素养的高低是根据个体的网络知识、经验、技能、情感、道德品格等多种因素综合判断和衡量的；另一方面，个体网络知识、技能、道德品质在具体网络操作中将外化为网络链接、网络信息获取与甄别、个人情感的创作与表达等网络行为，这种外化行为因人而异，具有多样性。

2. 网络素养具有发展性。网络素养作为互联网和新媒体信息技术快速发展的产物，其内涵和要求随着时代变化、网络信息技术的发展、网络意识形态的变化而变化，网络素养的内涵和框架构成不能适用于所有时代、所有人和人生的所有阶段。个体的网络素养状况也是一个动态变化发展的过程，受年龄、认知水平、教育水平、社会环境和自我需求驱动等多种因素影响。

3. 网络素养具有社会性。网络素养是个人在网络时代生存和发展所具备的基本素养，网络具有虚实二重性，既属于虚拟世界，又属于现实世界，是现实的人、现实的社会在网络空间的延伸，因此网络行为本质上是人的社会行为，人的网络知识、网络技能、网络行为、网络道德是人现实的知识、技能、行为和道德在网络空间的表达和体验，其概念内涵和外延都不能脱离社会现实。大学生网络素养高低关系到他们如何在信息时代生存及发展的现实问题。

（四）大学生网络素养的内涵

国内外学者从信息学、德育学、教育学等不同学科视角对大学生网络素养概念进行研究，结合中外学者的不同定义，我们可以将大学生网络素养的内涵归纳为：大学生在掌握基本网络信息知识的基础上形成一定的网络认知，能够利用网络理性地接受和传播信息，自觉遵守网络道德与法律规范，安全、有效地利用网络信息促进自身全面发展而具备的基本能力和综合素质。具备良好的网络素养有助于大学生更加有效地利用互联网获取信息、开展学习、研究和解决问题，以及与他人进行交流与合作；有助于大学生在数字化时代更好地适应和参与社会活动，有效地防范网络风险，从而保护自身权益。

二、新时代大学生网络素养的核心构成

国内外学者对网络素养理论研究存在"能力素养论"和"综合素养论"两种范式。能力素养论把网络素养理解为人们管理个人信息的一种能力。综合素养论认为网络素养是知识和技能的统一。国内多数学者赞同综合素养论的观点，认为网络素养包括网络意识、知识、能力、道德乃至法律、安全等多个维度。[①]

在此，结合网络发展和传播规律，以及新时代大学生认知规律，从网络媒介认知能力、网络信息批判能力、网络接触行为的自我管理能力、网络安全素养、网络道德素养五个维度挖掘大学生网络素养的核心构成。

（一）网络媒介认知能力

网络媒介认知能力是指个体使用网络媒介进行信息获取、处理和评估的能力，包括：使用搜索引擎和其他在线资源，找到自己所需要的信息；判断网络信息来源的权威性、信息的准确性；从海量信息中筛选出对自己有价值的信息；等等。网络媒介认知能力是大学生网络素养的基础，可以帮助大学生更好地利用互联网资源，获取准确和有用的信息。

---

① 尚靖君，杨兆山. 网络媒介素养测量研究的现状分析及问卷设计 [J]. 东北师大学报（哲学社会科学版），2012（05）：232-235.

（二）网络信息批判能力

网络信息批判能力是指个体对从网络上所获取的信息进行分析、评估和判断的能力，它是帮助人们辨别和筛选可信、有价值信息的重要能力。通过培养大学生网络信息的批判意识，大学生可以更好地应对信息过载和虚假信息的挑战，并能够根据自己的需要正确地选择网络中的信息资源。

（三）网络接触行为的自我管理能力

网络接触行为自我管理能力是指个体在使用互联网和数字技术时，能够自觉控制和管理自己的行为与时间的能力。大学生网络接触行为的自我管理能力是大学生网络素养中的关键部分，大学生能否做到自我管理直接反映着个人的网络素养水平。

（四）网络安全素养

网络安全素养是指个体在使用互联网和其他网络设备时，具备保护个人信息和设备安全的意识、知识和技能的能力。网络安全素养可以帮助大学生保护自己的隐私，预防身份信息盗窃和其他网络犯罪行为。同时，网络安全素养也有助于提高整个网络生态系统的安全性，减少网络攻击和数据泄露的风险。大学生作为网络使用的主要群体，需要具备一定的网络安全素养，以保护个人隐私和信息安全。

（五）网络道德素养

网络道德素养是指个体在使用互联网和参与网络活动时，遵守基本的道德原则和行为准则的能力，包括尊重他人隐私，尊重知识产权，在网络上不发表恶意、攻击性或辱骂性言论，不传播淫秽、恶俗、暴力网络信息，不故意传播病毒软件，不参与网络谣言传播和不道德网络行为等内容。良好的网络道德素养是构建健康、和谐网络环境的重要因素。

新时代加强大学生网络素养教育有助于大学生有效地利用互联网获取信息、研究与解决问题，有助于大学生更好地适应和参与社会活动，有助于大学生防范网络风险、保护自身权益。

三、新时代大学生网络素养培育的理论基础

从学科分类上看，网络素养既属于教育学的范畴，又属于思想政治教育的范畴，因此大学生网络素养培育也必然要以这些学科作为理论基础。

（一）马克思的人的发展理论

马克思在《德意志意识形态》《1844年经济学哲学手稿》等多本著作中均探讨了人的发展理论。马克思对人的本质的理解不同于其他西方哲学家，他是从人基本的现实生活出发去研究人的本质的。马克思认为，人是具体的和现实的人，人的发展受自然因素、地理因素和社会环境等因素的影响，"劳动创造了人"，人唯有通过劳动和实践才能实现可持续发展和自由全面发展目标。在马克思看来，个人是人发展的主体；自由而全面发展是人的发展的价值追求和价值目标，这里的"自由"指的是意志的自由，"全面"强调的是发展的方向和维度；人的发展需要通过人类社会实践活动得以实现，实践程度越深，自由性和全面性就愈加突显。

网络时代对大学生的学习行为、心理行为、交往行为、消费行为产生了深刻的影响，根据大学生在网络生活中的表现构建具有针对性和实效性的教育体系，提升大学生网络认知、心理及安全素养，让网络在大学生学习、工作和生活中更好地发挥正向积极作用，有助于让大学生享受健康、和谐、绿色的网络美好生活，最终为大学生实现全面、自由发展创造可能。因此，马克思人的发展理论是新时代大学生网络素养培育的强大理论支撑。

（二）网络思想政治教育的相关理论

随着互联网、移动通信、云计算和人工智能为代表的数字化技术的发展，尤其是对人类社会生活融入程度的不断加深，研究思想政治教育的学者开始把研究视野拓宽到网络世界，把网络从单纯的思政教育辅助工具转变为思政教育的重要载体和舞台。近几年，网络思想政治教育作为传统思想政治教育的有益和必要补充，以春风化雨、潜移默化的方式影响着大学生的思想行为方式及在网络社会交往方式和虚拟空间生存质量。国内学者对网络思想政治教育理论研究主要聚焦在概念界定、价值探讨、要素构成、网络意识形态等方面，这些理论为新时代大学生网络素养培育提供了思路，新时代大学生网络素养培育可以通过加强网络意识形态、营造积极向上的网络文化等方面入手，结合新时代网络发展规律，探索提高新时代大学生网络素养的新路径。

第二节　新时代大学生网络素养培育的价值意蕴与现状分析

一、新时代大学生网络素养培育的价值意蕴

传播学者亨利·詹金斯（Henry Jenkins）曾提出过"参与式文化"概念，他认为网民的数字传播水平影响未来数字文化的发展，如果网民具有较高的数字化参与水平，会成为主动的文化创造者，否则会制约未来社会传播形态的发展。因此，无论是从推动人类文明进步、实现网络强国目标的宏观层面，还是从个体对网络美好生活的向往与追求的微观层面，加强大学生网络素养培育具有重要的时代意义和现实价值。

（一）应对网络意识形态的挑战的需要

美国学者保罗·拉扎斯菲尔德（Paul Lazarsfeld）和罗伯特·莫顿（Robert Morton）都曾向人们提出警示，大众媒介既可为善服务，也可为恶服务，如果不加控制，它为恶服务的可能性会更大一些。[①]

意识形态工作历来是我们党一项极端重要的工作，青年学生也历来是意识形态斗争中重要争夺对象。互联网时代，网络不仅为个人提供了更多选择和尝试的机会，也提供了更加自由开放的表达渠道，个人思想表达和利益诉求变得畅通无阻和随心所欲，未经过滤的海量信息可以在无缝无界和无序的网络生态环境中得以飞速传播和蔓延，使人们的生活方式发生着深刻变革。尤其是随着各种思想文化交锋、各种利益碰撞的不断出现，给西方敌对势力进行价值渗透提供了便利条件，一些错误思潮弱化和侵蚀着青年的思想观念、文化自信、价值认同。多姿多彩的虚拟世界暗藏着众多诱惑和危机，意识形态领域的问题以更加隐蔽的形式转移到网络空间中，从而发展成了网络意识形态。基于此，加强对大学生网络素养培育，将有助于大学生坚持社会主义意识形态立场，坚守网络意识形态主阵地，在冗杂的网络文化思潮中能够具有明辨实质的能力，从而提高对西方意识形态渗透的预防力。

（二）实现网络强国战略目标的需要

党的十八大以来，在党和国家的高度重视下，我国网信事业取得了显著成就，无论是网民数量，还是电子商务总量、电子支付总额均居全球第一，我国已全面迈进互联互通的网络新时代，并成为名副其实的网络大国。在2018年的全国网信工作会议上，习近平总书记深刻阐述了网络强国战略思想，党的二十大报告又进一步提出了加快建设网络强国的要求。

[①] 季度东. 浅析青少年网络素养的现状与对策［J］. 浙江传媒学院学报. 2007（5）: 23-25.

据中国互联网络信息中心（CNNIC）发布的报告显示，截至 2022 年 12 月，我国网民规模达 10.67 亿，普及率达 75.6%。十亿多网民既是我们成为网络大国的有力支撑，也是建设网络强国的重要力量。网民是网络社会的重要组成部分，是网络社会中最活跃的群体，网民的网络素养影响着网络空间的生态和运行秩序，因此网络强国建设不仅需要网民，而且需要高素养网民，良好的网络素养是营造健康生态网络空间的重要基础，是互联网长远发展必要因素。尤其是青年大学生网民作为接触网络新技术、使用网络新应用最多、最快、最前沿的一个群体，加强网络素养培育，不仅可以预防、治理和杜绝互联网犯罪行为的发生，促进大学生健康成长和正向发展，还有助于互联网可持续发展以及网络强国战略目标实现。

（三）新时代增强高校思想政治教育实效性的新举措

2017 年，教育部印发的《高校思想政治工作质量提升工程实施纲要》提出"加强师生网络素养教育"要求，并给出了具体的实施路径，这标志着网络素养教育要被纳入思想政治教育工作的范畴。

移动互联网时代的到来，打破了高校校园和课堂的围墙，重塑了大学生思想政治教育的环境和方式。一方面，快捷、开放、共享、自由的网络环境与大学生的学习、生活和节奏高度契合，给求知欲和好奇心强的大学生带来了精神满足，大学生已成为网络的主要使用者和消费者，网络平台也日益成为最受学生欢迎的"老师"，给思想政治教育工作带来了前所未有的发展机遇；另一方面，随着全球化不断深入和互联网迅猛发展，网络已成为多元思想、文化、价值观斗争的主要领域，考验和挑战着大学生的思维方式、价值判断、情感态度和行为实践，无疑给思想政治教育工作带来了严峻考验。在此背景下，高校思想政治教育工作要与时俱进、因时而进，着眼于大学生全面发展的目标，利用好新的思想教育工具和环境，把提升大学生网络素养作为提升新时代高校思想政治教育实效性的新举措，着力引导新时代大学生文明用网、健康用网、适度用网，做一名新时代文明网络达人。

二、新时代大学生网络素养的现状分析

网络为大学生的学习和发展提供了海量的信息资源，已经成为大学生学习、生活、娱乐及人际交往的主要载体和平台，网络空间已成为新时代大学生学习生活不可缺少的一部分。大学生在网络虚拟空间的言行举止反映了其网络素养水平，网络素养不仅影响着网络空间的建设，并且关系到大学生身心健康发展。对新时代大学生网络素养现状进行全面综述和客观分析，是有效开展网络素养培育的基础和关键。

（一）新时代大学生网络素养现状

1. 大学生网络媒介认知现状。我们可以从网络的功能、网络传播的特点、网络正负面影响、上网动机与目的、网络发展趋势等方面考查大学生网络媒介认知能力。目前，多数大学生认为网络对社会发展产生了深远影响，对网络传播有较为理智的认识，能较为客观地认识到网络给网民学习生活带来的正负面影响。[①] 调查结果显示，64.44% 的大学生认为"网络媒介对其主要是积极作用，也有些消极作用"，2.09% 的大学生认为"完全是积极作用"。[②] 此外，17% 的大学生表示"能够很好地利用网络资源"，71% 的大学生"非常希望自己拥有熟练的计算机操作技术"。可以说，大学生作为网络媒介的主要使用群体，对网络媒介有一定认知，能够较为客观地分析网络给自身学习、生活和未来发展带来的影响。

---

① 贝静红. 大学生网络素养实证研究 [J]. 中国青年研究，2006（02）：17–21.

② 曹晶晶. 网络强国背景下大学生网络媒介素养调查研究 [J]. 传媒论坛，2020，3（04）：18–19.

2. 大学生网络信息批判能力现状。信息充斥在网络空间的各个角落。新时代大学生在信息利用、消费、创造和传播过程中表现出极大的热情，因此必须具备网络信息批判能力。有学者对学生无意进入色情网站后的反应进行了分析，49.2% 的同学表示会"立即退出"，25.4% 的同学表示会自觉地"装上过滤设备"，只有 17% 的大学生表示会因为"好奇，进去看看"。[①] 对于反动宣传信息，20% 的同学表示会选择不阅读，直接删除，52.3% 的同学表示会"阅读但不相信"，11.7% 的同学则表示"阅读且相信"。

3. 大学生网络道德素养现状。网络世界如同现实世界，同样需要有道德规范约束，人类基本的道德价值观念和行为准则同样可以运用到网络空间，天天穿梭在网络空间中的大学生们更应该遵守网络空间的道德规范。有学者让大学生对网络虚拟空间道德规范和现实生活的道德规范进行对比，70.2% 大学生认为无论是网络空间还是现实生活都应该按照道德标准来约束自己的行为，只有 3.6% 的大学生认为网络空间是虚拟的，没有必要遵守道德规范。还有 254 名大学生表示网络空间道德更为重要，因为网络传播速度更快。[②] 在学者的调查问卷中，大多数学生认为有必要建立道德规则来规范网络社会的行为。但对于共青团中央、教育部共同推出并大力倡导全国青少年共同遵守的《全国青少年网络文明公约》，41.2% 的大学生表示"从没听说过"，40.4% 的大学生表示"听说过，但不知道具体内容"，3.3% 的大学生表示"内容知道一些，但没遵守"，只有 8.8% 的大学生表示"熟悉《公约》内容并努力遵守"。

---

① 贝静红.大学生网络素养实证研究［J］.中国青年研究，2006（02）：17-21.
② 张鹏飞.大学生网络道德素养现状及引导策略研究［D］.哈尔滨：哈尔滨师范大学，2020.

（二）新时代大学生网络素养存在的突出问题

有研究表明，大学生面临网络风险的程度与网络素养高低密切相关。现实生活中，大学生在利用网络实现自我、展示成就感的同时，往往由于缺乏网络信息理性批判意识、利用网络资源学习能力较差、网络安全意识薄弱和存在网络心理问题而在虚拟世界迷失方向，从而影响在网络空间的生存质量。

1. 对网络信息缺乏理性辨别和批判能力。信息是网络空间的基本内容，移动互联网时代，网络信息呈现爆炸式增长态势，信息内容涉及政治、经济、文化、教育等方方面面，可谓多元而广泛，信息传播速度更是令人"生畏"，能瞬间传播到世界的各个角落，人与信息的二元关系也随之改变，人成为信息的一部分。无人、无时和无处不网的大学生借助手机终端或电脑终端可以迅速、快捷地获取海量信息，这些信息可能鱼龙混杂、质量参差不齐，甚至断章取义、美丑颠倒、善恶混淆，大学生由于涉世尚浅、心智发育不成熟，所以，部分大学生对纷繁复杂的网络信息缺乏理性认识、分析和甄别能力，对虚假新闻、煽情报道缺乏免疫能力和理性批判意识，在解读网络信息时缺乏深层次的思考和判断，喜欢盲目跟风，比如在群体氛围渲染下会转发未经证实的假新闻，传播鸡汤式网络爆文等信息，因此，常常陷入信息连接不实、信息连接过载困境，极易在伪真相和谣言谬论中迷失方向，陷入虚实难分、真假难辨的信息漩涡，甚至成为虚假信息扩散和蔓延的帮凶。比如近几年校园网贷频频发生，一些不良网络借贷平台隐瞒实际资费标准虚假宣传，诱导大学生网络借贷，最终陷入高利贷陷阱，给大学生的学业和生活带来严重影响，其最主要的原因在于大学生对网络信息缺乏理性批判意识。

2. 利用网络资源自主学习能力较弱。虽然被称为"数字原生代"的大学生是互联网重要的受众群体，是接触新技术、使用新应用的前沿群体，他们借助手机、电脑终端"自由翱翔"在移动互联网空间，但调查发现大部分学生只是停留在利用网络进行社交、购物、游戏、刷直播、娱乐新闻等娱乐层面，没有充分发挥互联网在学习和汲取新知识方面的价值和作用。他们更喜欢个性分享和表达，享受网络带来的快乐和刺激，乐于通过分享美景、美食、美事与他人建立共时性的生活经历。过分的网络娱乐和消遣不仅分散了大学生的学习时间和学习精力，还会影响大学生的正常生活。

3. 存在网络心理问题。虚拟、开放、自由、跨时空的网络生活制约着大学生的心理、情感与行为。有些大学生无法区分虚拟世界和现实空间的真实界限，把虚拟的网络世界当作自己的精神家园，再加上缺乏自我管理和自我监督意识而无法约束自己的媒介接触行为，因此沉溺于网络空间和各种自媒体平台，沉迷于网络娱乐、网络游戏、网络社交，必须通过不断增加上网时间来获得自我满足，一旦不能上网就感到极度不适。这种行为不仅浪费了大学生宝贵的学习时间和精力，并且严重影响大学生个性发展、人格成长，一方面会导致大学生产生自我封闭心理，与他人交往和沟通能力减弱，社会适应能力差，心理幸福感下降，孤独感和焦虑感增强；另一方面会弱化大学生独立思考的能力、分析问题的能力及自主学习能力。

4. 网络安全意识薄弱。大学生网络安全意识薄弱主要体现在：一方面，大学生在网络社交中缺乏安全意识。尽管新时代大学生在性格、兴趣、爱好等方面表现出较大的个体化差异，但他们喜欢在虚拟的网络平台中建立属于自己的"朋友圈"，在与他人交流互动中实现自我认同的期待基本一致。于是大家借助各种平台建立兴趣群、粉丝圈、社团群等社交群，把有着共同兴趣爱好、志同道合的青年群体集中到一起。大家通过虚拟的网络世界进行聊天、交往，寻找共同话题获得认同感。在交往的过程中，鉴于大家有着共同的兴趣爱好，所以一些同学往往会放松警惕，甚至把个人隐私泄漏给他人。另一方面，新时代大学生喜欢追求新鲜、刺激，爱好借助文字、图片和视频等方式进行个性化表达，乐于分享发生在自己和周边人身上的趣事、乐事和奇事以博取他人的注意力，但是很多同学在新媒体平台上面发布或者转发信息时，往往表现得比较很随意，会不经意间暴露个人基本信息或者家庭信息而给个人和家庭带来安全隐患，还有些同学在转发信息时会忽视发布内容的质量及真实性。除此之外，大学生在网上进行信息注册时，在填写诸如手机、邮箱、家庭地址、银行账号等信息时并不谨慎，给犯罪分子可乘之机。

第三节　新时代大学生网络素养的提升策略

一、新时代提升大学生网络素养的现实保障

网络素养是大学生社会化的一个重要内容，除了大学生自主提升外，还需要国家、学校、家庭的教育与引导。党和国家对大学生思想政治教育工作的高度重视，新时代大学生主流思想的积极向上，以及社会主义核心价值观教育的有效开展，为新时代大学生网络素养培育提供了现实保障。

（一）党和国家高度重视大学生思想政治教育工作

我们党历来高度重视大学生思想政治教育工作，尤其是党的十八大以来，以习近平同志为核心的党中央关心关注青年成长成才，站在中国特色社会主义事业薪火相传、后继有人的战略高度，召开全国高校思想政治工作会议、学校思想政治理论课教师座谈会，印发《关于加强和改进新形势下高校思想政治工作的意见》部署大学生思想政治教育工作，反复强调立德树人这一教育根本任务，并把青少年时期称之为"拔节孕穗期"，提出"精心引导和培育"的要求。

近几年，高校围绕大学生思想政治教育工作做了大量工作，并取得了

显著成效。首先，从学校的顶层设计入手，把大学生思想政治教育纳入学校发展总体规划，积极构建从教书育人到管理、服务、文化等全方位的育人格局，并要求在各门课程中体现思想政治教育内容。其次，重视思想政治理论课在高校课程体系中的地位，把思想政治理论课作为落实立德树人的关键课程，作为帮助学生扣好人生第一颗扣子的育人课程，作为高校思想政治教育的主阵地，纳入大学生必修课程体系，对大学生进行思想政治教育和正确的世界观、人生观和价值观教育。尤其是近几年，为了在学生心里埋下真善美的种子，各高校举全校之力打造高水平、高质量思政"金课"。党、国家和高校对大学生思想政治教育工作的重视为新时代大学生网络素养培育提供了有力支撑。

（二）大学生思想主流积极健康、向上向好

西班牙著名思想家奥尔特加·加塞特（1883—1955）曾在《大学的使命》中强调："具有良好精神状态的一代人能够完成几个世纪来未能实现的目标。"[①]新时代的大学生多是00后，他们不断接受者文化知识的涵养和高等教育的熏陶，朝气蓬勃、精力旺盛、思维活跃、有着"天下兴亡匹夫有责"的家国情怀，有着担当民族复兴重任的使命，虽然偶尔对现实充满困惑，对未来感到迷茫，但他们的思想主流是积极健康、向好向上的，他们爱党、爱国、爱社会主义，拥护党的路线方针政策，坚定对中国特色社会主义的道路自信、理论自信、制度自信和文化自信；他们个性鲜明，自立自强，理想远大，积极进取；他们注重自身利益的同时，也关注集体利益和公众利益。积极健康、向好向上的主流思想为大学生网络素养培育提供了强大的力量支撑。

---

① ［西班牙］奥尔特加·加塞特. 大学的使命［M］. 徐小洲，陈军，译. 杭州：浙江教育出版社，2001：44.

（三）社会主义核心价值观夯实了大学生主流意识形态认同

社会主义核心价值观是我国在社会主义建设中提出的一套核心价值观体系。党的十八大从国家、社会、个人三个层面凝练了社会主义核心价值观的内容，并在 2018 年写入宪法。社会主义核心价值观是引导全体中国公民积极向上、道德高尚、文明进步的价值追求，是迈进新时代、开启新征程的精神支柱，是激励 14 亿中国人奋发向上的精神力量，是凝聚中国磅礴力量的精神指引，推动着社会主义现代化建设。社会主义核心价值观与主流意识形态有内在契合性，夯实了大学生主流意识形态认同，让大学生更加坚定了对马克思主义思想为指导的主流意识形态的认知认同，能够在各种意识形态文化相互交织下，坚守思想阵地、坚定政治信仰。

二、新时代大学生网络素养的提升策略

网络素养是大学生在网络空间健康成长的"防火墙"，提升大学生网络素养是关系大学生如何在信息时代生存及发展的重要问题。大学生网络素养培育是一项长期的、系统的工程，既离不开社会的保障和支持，也需要学校和家庭的教育和引导。因此，不断改进和创新工作方法，构建一套具有针对性、立体化的培育方案，聚社会、学校和家庭之力共同打造绿色、健康的网络生态和网络环境，为大学生健康发展保驾护航是我们努力的方向。

（一）学校层面：将大学生网络素养培育与育人工作紧密结合

大学生网络素养培育的着力点是帮助大学生科学认识网络的本质属性，塑造大学生在虚拟网络空间的高尚品质，实现个体在网络生活中的全面健康和谐发展。新时代加强大学生网络素养培育是大学生思想政治教育的关键内容，高校要将网络素养培育与育人工作统一协调、部署和规划。

1.夯实课堂教学主阵地打通思政育人"最后一公里"

高校的育人目标要紧扣时代发展脉搏，积极回应国家发展和民族振兴对人才培养的要求。因此，新时代大学生网络素养培育要紧紧围绕立德树人教育根本任务，以培养担当民族复兴大任的时代新人为着力点，以实现大学生全面发展为落脚点，依托"思想道德与法治""大学生计算机基础""大学生心理健康教育"等课程，在授课过程中渗透网络素养教育内容，关切学生的需求与发展。

（1）依托"思想道德与法治"课程提升大学生网络素养。"思想道德与法治"课程是面向大一新生开设的一门思想政治理论必修课，是高校思想政治理论课的核心课程，其课程目标是提升大学生的思想道德素养和法治素养。本课程第五章"遵守道德规范　锤炼道德品格"第三节就是网络生活中的道德要求，因此，思政课教师要充分利用网络的优势资源，实现网络素养教育与思政课教育形成良性互动，着重引导大学生树立正确网络价值观，让学生认识到网络的健康发展不仅需要高科技作为其先决条件，更离不开德治作为其发展的支撑力量。

（2）依托"大学生计算机基础"课程提升大学生网络素养。"大学生计算机基础"课主要讲授计算机和网络的基础知识和基本操作，让大学生掌握基本的网络使用技能，从而提高计算机应用能力，和网络素养培育具有一致的培养目标，因此，教师在授课过程中可以着重强调网络的基本知识和操作技能方面，提升大学生网络素养。

（3）依托"大学生心理健康教育课程"提升大学生网络素养。大学生心理健康教育是向大学生讲解心理健康相关知识，让其掌握自我心理调节的技能和方法并加以运用，从而实现身心和谐健康。因此，教师可以依托本门课程，运用大数据思维和大数据技术，精准研判大学生思想动态和心理变化数据，结合大学生沉迷网络、网络上瘾，甚至因为网络导致焦虑、抑郁、人格障碍等现象及时进行精准心理疏导，强化社会主义核心价值观的思想引领功能，开展针对性教育。

（4）开设培育大学生网络素养专属课程。霍华德·莱茵戈德指出："基本的网络素养应该成为学校课程的一部分。"[①] 目前，英国、德国、加拿大、澳大利亚等发达国家已把网络素养教育纳入大学生的常规教育，在网络技术高度发达的今天，我们应该加以借鉴，积极探寻课程体系和教育范式，结合大学生在知识、能力、心理、道德等层面的发展规律和特点，围绕大学生网络素养核心主题，组织思想政治教育工作团队、思想政治理论课教师团队和计算机专业团队编写大学生网络素养教育的专门教材，根据不同年级、不同专业学生的知识结构，有针对性地对大学生进行网络知识、网络安全、网络伦理道德教育，形成一个开放的、系统的、完整的、动态的课程结构体系，从而激发大学生内心认同。

2.打造网络素养培育品牌创建健康和谐的校园网络环境。教育不能仅仅局限在空洞的说教中，高品质的教育要敢于拆掉教室的"墙"，善于借助新的载体、平台或者情景把学科知识转化为学科素养，因此，打造培育品牌、创建健康生态的校园网络环境非常重要。

一是搭建主题教育专题网站。结合时代特点，聚焦大学生关心热点难点问题搭建大学生素养教育专题网站，创新内容发布方式及展现形式、丰富网站信息供给，把显性教育和隐性教育有机结合起来，切实增强网站的吸引力和黏着力。在此过程中要注意增强互动和对话，由于网络的虚拟性，教育者与受教育者处于不断的变化之中，因此，互动交流是关键，网络素养培育需要在互动中开展。

二是开展网络素养主题实践活动。思想政治教育工作者要善于把实践情境融入教育教学之中，创造机会让学生走出教室，让抽象知识与真实生

---

① ［美］霍华德·莱茵戈德.网络素养：数字公民、集体智慧和联网的力量［M］.张子凌，老卡，译.北京：电子工业出版社，2013：25.

活融为一体，形成更大格局的课堂育人范式，使理论灌输软着陆。比如可以结合相关重要时间节点，开展大学生网络文学、网络微电影等主题活动，鼓励大学生创造出一批有内涵、有活力、有深度的网络作品。

3. 构建网络素养培育评价体系。评价是检验网络素养培育效果的重要手段，也是提升网络素养培育水平的有力举措，因此高校要积极构建以评价主体、评价指标、评价办法以及评价结果的运用等主要内容的网络素养培育评价体系。评价主体是高校网络素养培育的牵头实施者，评价指标可以细化为体制机制建设、培育师资队伍建设、平台阵地建设、培育实效等方面内容，评价办法可以采取负责单位自评和专家现场走访考察相结合，评价结果应当纳入思想政治教育工作考核、教师考核评优及大学生综合素质评估考核中。

构建网络素养培育评价体系需要考虑多个方面，包括知识、技能和态度等综合要素，具体可以从以下步骤入手：

（1）明确目标和指标。明确网络素养培育的目标，确定所需的核心知识、技能和态度指标是开展评价的前提和基础。这些指标包括网络安全意识、信息搜索与评估能力、数字创造和合作能力等方面内容。

（2）设计评估工具。全面、客观地评估学生网络素养需要使用多种评估工具。评估工具包括问卷调查、作品展示、项目评估等。在评价过程中，要确保评估工具与目标和指标相匹配，并能够客观、准确地评估学生的网络素养水平。

（3）开展多维度评估。除了传统的笔试形式，还可以结合实践任务、案例分析、小组合作等方式进行综合评估，以更好地反映学生在实际情境中的网络素养水平。

（4）评估标准与等级划分。设定明确的评估标准和等级划分，可以使评估结果具有可比性和可衡量性。因此，可以根据不同的能力层次和要求，将大学生网络素养水平划分为不同的等级，以直观地反映出大学生的网络素养水平。

（5）反馈和改进机制。建立有效的反馈和改进机制，通过评估结果向学生和教育者提供有针对性的反馈和建议。同时，也要利用评估结果来改进教学和培育策略，以不断提高网络素养培育效果。

（6）多元评估参与者。网络素养培育评价体系应该涵盖不仅仅是学生，还包括教育者和教育机构等相关参与者。评估教育者的能力和教学质量对于网络素养培育同样重要，同时评估教育机构在网络素养培育方面的支持和资源投入。

（7）持续跟踪和评估。大学生网络素养的培育是一个持续的过程，评估体系应持续跟踪和评估大学生的发展情况。这可以通过定期评估及反馈、学习记录和档案管理等方式来实现，以便学生和教育者了解学生的进展和需要进一步提升的领域。

构建网络素养培育评价体系是一个复杂而多维的任务，需要综合考虑各个方面的因素和实际需求。反馈和改进是评价体系的重要组成部分，高校可以逐步完善和优化网络素养培育评价体系，以提高大学生网络素养水平。

（二）家庭层面：积极营造健康和谐的家庭氛围

家庭是大学生成长的重要港湾，也是大学生社会化的初始场所，家庭环境是影响大学生网络素养的重要指标。如果家庭成员能够向大学生传递网络安全知识、网络道德规范等信息，更易于大学生接受。因此，以家庭为载体对大学生开展网络素养教育有着天然的优势。

首先，互联网的普及和广泛应用为家庭成员情感沟通、思想交流搭建了快捷、便利的平台，家庭成员互动交流过程中表现出的价值理念对孩子思维模式、情感态度和价值判断具有较大影响。因此，父母要善于利用网络平台与子女进行思想交流、情感沟通，在交流过程中要注重自己的谈吐举止，积极发挥表率作用，科学地使用互联网，避免因自身非理性的网络行为对子女造成不良影响；其次，要提升自身的网络信息分析与甄别能力，不随意转发低质低俗信息，杜绝传播虚假新闻，积极与子女分享新华网、人民网等官方媒体获取的时政要闻；再次，要利用好亲子关系和亲子教育基础，帮助孩子树立正确的网络观，及时阻止用网不当行为，引导子女自律上网、理性上网、文明上网；最后，积极营造健康和谐的家庭氛围。和谐融洽的家庭气氛能够提升个体的幸福感，孩子更容易接纳父母的建议，无论在现实世界还是虚拟世界有利于青少年健康成长。

（三）国家层面：充分发挥领导监管作用

独特、开放、共享的网络空间在网络时代已成为信息的集散地和舆论的放大器，并以特有的张力改变了传统的生活方式及往日的政治生态。热衷于求新、求奇、求异的大学生群体必然容易受到各种网红言论、文化思潮和意识形态的诱导。因此，提升大学生网络素养仅仅依靠高校、家庭和大学生自身自律是远远不够的，还需要国家充分发挥监管作用。

第一，政府相关部门与网络运营商加强合作，从信息传播源头出发，通过后台对信息发布、网文推送进行严格监控，通过设立关卡的方式堵截不良信息的发布和传播，避免虚假新闻、低质低俗信息的蔓延。习近平总书记指出："要抓紧制定立法规划，完善互联网信息内容管理、关键信息基础设施保护等法律法规，依法治理网络空间，维护公民合法权益。"[1] 国家可以通过制定和出台网络领域立法，引导互联网用户文明上网和抵制不良信息。

第二，国家需要对涉及大学生网络素养培育的相关教育部门和学校进行强有力的监管。可以依据是否对国家相关网络政策落实到位、是否为大

---

[1]　习近平在网络安全和信息化工作座谈会上的讲话［N］.人民日报，2016-04-19（2）.

学生网络素养的培育和提升创造了有利环境、高校是否重视大学生网络素养的培育、采取何种方式提升大学生网络素养等指标对教育部门和高校进行考核。

（四）个人层面：加强网络素养自我教育

对大学生开展网络素养培育，终极目标是激发大学生自我教育的意识，提升大学生自我教育的能力，自觉做到自律而不逾矩。正如学者埃瑟·戴森所说："网络比大多数环境拥有较少的普遍规则，也较少需要这样的规则，它更多地依赖于每个公民的判断与积极参与。"[①] 所有的道德规范只有内化为个人的内在素养，才能有效外化为其行为方式。提升大学生网络素养离不开大学生自身的学习努力、认知自觉和行为自觉。因此，充分发挥大学生的自律、自觉、自主精神，引导大学生做好自我教育、自我管理、自我发展是提升网络素养的关键。

首先，大学生要树立正确的网络观。正确的网络观犹如现实生活中的价值观一样重要，网络观包括网络利益观、网络消费观、网络娱乐观等内容，正确的网络观需要大学生在虚拟的网络空间中积极传播健康向上的网络文化，敢于对消极、低俗的网络信息说"NO"，需要大学生理性认识网络游戏、网络直播、网络购物、网络娱乐等网络行为并采取适度原则。其次，大学生要主动提高网络学习能力。网络学习能力是大学生在网络时代必须具备的一项基本技能，既包括网络操作技术的学习能力，也包括通过互联网媒介进行选择性学习的能力。网络操作技术的学习和通过互联网进行选择性学习是对课堂知识的延伸和补充，把网络作为获取知识的一个重要途径，作为实现终身教育的一个重要平台，同时又能满足大学生对求新、求奇、求异的心理。最后，大学生要遵守网络道德规范。大学生在网络空

---

① ［美］埃瑟·戴森. 2.0版——数字化时代的生活设计［M］. 胡泳，范海燕，译. 海口：海南出版社，1998：18.

间里更应严格要求自己、积极服务他人，将现实生活中的道德要求内化为自身行动并应用到网络世界里。网络道德规范不是外界强加的，需要每一个大学生在网络生活中注重培养道德修养，注重道德实践。

结　语

随着互联网的普及和发展，网络已成为我们日常生活中不可或缺的一部分。大学生网络素养的培养对于他们的未来发展和社会的进步具有重要作用，甚至可能影响自身在未来社会中的生存能力。

网络素养能够培养大学生获取、分析和利用网络信息的能力。在信息爆炸的时代，网络素养能够帮助大学生从海量信息中找到有用信息，从而提高信息获取的效率和质量。

网络素养决定信息传播能力，能够帮助大学生正确、快速地传播信息。通过学习网络素养，大学生可以了解如何使用各种网络工具，掌握信息传播的技巧，避免误传、恶意传播等不良现象。

网络素养能够提高大学生的网络安全意识。在网络环境下，网络安全是一个重要的问题。大学生需要了解如何保护自己的个人信息、如何避免网络诈骗等问题，从而保护自己的安全和利益。

网络素养能够培养大学生的创新思维能力。网络世界是一个充满创意和创新的世界，学习网络素养可以激发大学生的创新思维，鼓励他们发掘新的知识、新的思想和新的方式。

网络素养能够帮助大学生拓展社交圈，提高社交能力。在网络上，人们可以与全世界各地的人交流，分享经验和知识，扩大社交圈子。学习网络素养可以帮助大学生更好地与他人交流合作，提高团队协作能力。

因此，培养新时代大学生的网络素养不仅有助于他们的个人发展，也对社会的发展和进步具有重要意义。

参考文献

一、著作/译著

［1］［美］埃瑟·戴森. 2.0版——数字化时代的生活设计［M］. 胡泳，范海燕，译. 海口：海南出版社，1998.

［2］［西班牙］奥尔特加·加塞特. 大学的使命［M］. 徐小洲，陈军，译. 杭州：浙江教育出版社，2001.

［3］［古希腊］柏拉图. 法律篇［M］. 张智仁，译. 上海：上海人民出版社，2001.

［4］［古希腊］柏拉图. 普罗泰戈拉篇［M］//周辅成. 西方伦理学名著选辑（上卷）. 北京：商务印书馆，1964：19.

［5］本书编写组. 党的十九大报告辅导读本［M］. 北京：人民出版社，2017.

［6］本书编写组. 中国共产党第十九届中央委员会第六次全体会议文件汇编［M］. 北京：人民出版社，2021.

［7］本书编写组. 中长期青年发展规划（2016—2025年）［M］. 北京：人民出版社，2017.

［8］邓小平. 邓小平文选（第一卷）［M］. 北京：人民出版社，1994.

［9］范明. 大学文化素质教育理念与实践创新［M］. 北京：教育科学出版社，2011.

［10］方广锠，陈泽环. 哲学与宗教（第7辑）［M］. 上海：上海人民出版社，2014.

［11］冯俊，龚群. 东西方公民道德研究［M］. 北京：中国人民大学出版社，

2011.

［12］顾冠华，沈广斌.中国传统文化与高等教育［M］.北京：海洋出版社，
1999.

［13］韩震.社会主义核心价值观新论［M］.北京：中国人民大学出版社，
2014.

［14］胡锦涛.胡锦涛文选（第2卷）［M］.北京：人民出版社，2016.

［15］［美］霍华德·莱茵戈德.网络素养：数字公民、集体智慧和联网的力量
［M］.张子凌，老卡，译.北京：电子工业出版社，2013.

［16］江泽民.江泽民文选（全三卷）［M］.北京：人民出版社，2006.

［17］江泽民.论科学技术［M］.北京：中央文献出版社，2001.

［18］［德］君特·费格尔.苏格拉底［M］.杨光，译.上海：华东师范大学出版
社，2016.

［19］［德］卡尔·雅斯贝尔斯.大学之理念［M］.邱立波，译.上海：上海人民
出版社，2007.

［20］李光辉.当代中国大学生道德修养与法律素质探究［M］.重庆：西南师范
大学出版社，2016.

［21］梁漱溟.东西文化及其哲学［M］.北京：商务印书馆，2010.

［22］列宁全集（第三十八卷）［M］.北京：人民出版社，2017.

［23］列宁文稿（第二卷）［M］.北京：人民出版社，1978.

［24］林崇德.21世纪学生发展核心素养研究［M］.北京：北京师范大学出版
社，2016.

［25］柳斌.柳斌谈素质教育［M］.北京：北京师范大学出版社，1998.

［26］马克思.1844年经济学哲学手稿［M］.北京：人民出版社，2000.

［27］毛泽东.毛泽东选集（第五卷）［M］.北京：人民出版社，1977.

［28］［美］齐亚乌丁·萨达尔.文化研究［M］.苏静静，译.北京：当代中国出
版社，2014.

［29］邵汉明.中国文化研究二十年（修订本）［M］.北京：人民出版社，2006.

［30］沈壮海.中国大学生思想政治教育发展报告［M］.北京：北京师范大学出
版社，2017.

［31］［美］唐纳德·肯尼迪.学术责任［M］.阎凤桥，等译.北京：新华出版社，2002.

［32］王岳川.文化战略［M］.上海：复旦大学出版社，2010.

［33］习近平.摆脱贫困［M］.福州：福建人民出版社，1992.

［34］习近平.决胜全面建成小康社会 夺取新时代中国特色社会主义伟大胜利——在中国共产党第十九次全国代表大会上的报告［M］.北京：人民出版社，2017.

［35］习近平.决胜全面建成小康社会 夺取新时代中国特色社会主义伟大胜利——在中国共产党第十九次全国代表大会上的报告［M］.北京：人民出版社，2017.

［36］习近平.青年要自觉践行社会主义核心价值观——在北京大学师生座谈会上的讲话［M］.北京：人民出版社.

［37］习近平.习近平谈治国理政（第二卷）［M］.北京：外文出版社，2017.

［38］习近平.习近平谈治国理政（第二卷）［M］.北京：外文出版社，2017.

［39］习近平.习近平谈治国理政（第三卷）［M］.北京：外文出版社，2020.

［40］习近平.在北京大学师生座谈会上的讲话［M］.北京：人民出版社，2018.

［41］习近平.在庆祝中国共产党成立95周年大会上的讲话［M］.北京：人民出版社，2016.

［42］习近平.在知识分子、劳动模范、青年代表座谈会上的讲话［M］.北京：人民出版社，2016.

［43］习近平.之江新语［M］.杭州：浙江人民出版社，2007.

［44］习近平.知之深 爱之切［M］.石家庄：河北人民出版社，2015.

［45］许庆朴等.马克思主义原著选读［M］.北京：高等教育出版，1990.

［46］［古希腊］亚里士多德.尼各马可伦理学［M］.苗力田，译.北京：中国社会科学出版社，1990.

［47］［古希腊］亚里士多德.政治学［M］.吴寿彭，译.北京：商务印书馆，1965.

［48］严强，张凤阳，温晋锋.宏观政治学［M］.南京：南京大学出版社，

1998.

［49］杨九诠. 学生发展核心素养三十人谈［M］. 上海：华东师范大学出版社，
    2017.

［50］张文显. 法理学［M］. 北京：高等教育出版社，2003.

［51］中共中央党史和文献研究室，中央"不忘初心，牢记使命"主题教育领
    导小组办公室. 习近平关于"不忘初心、牢记使命"论述摘编［M］. 北
    京：中央文献出版社，2019.

［52］中共中央马克思恩格斯列宁斯大林著作编译局. 马克思恩格斯：德意志意
    识形态（节选本）［M］. 北京：人民出版社，2003.

［53］中共中央马克思恩格斯列宁斯大林著作编译局. 马克思恩格斯全集：第
    四十六卷（上）［M］. 北京：人民出版社，1979.

［54］中共中央马克思恩格斯列宁斯大林著作编译局. 马克思恩格斯文集：第一
    卷［M］. 北京：人民出版社，2009.

［55］中共中央马克思恩格斯列宁斯大林著作编译局. 马克思恩格斯选集（第三
    卷）［M］. 北京：人民出版社，1972.

［56］中共中央文献研究室. 毛泽东文集（第六卷）［M］. 北京：人民出版社，
    1999.

［57］中共中央文献研究室. 毛泽东文集（第七卷）［M］. 北京：人民出版社，
    1999.

［58］中共中央文献研究室. 十八大以来重要文献选编（上）［M］. 北京：中央
    文献出版社，2014.

［59］中共中央文献研究室. 十六大以来重要文献选编（中）［M］. 北京：中央
    文献出版社，2006.

［60］中共中央文献研究室. 十四大以来重要文献选编：上［M］. 北京：人民出
    版社，1999.

［61］中共中央文献研究室. 十五大以来重要文献选编（下）［M］. 北京：人民
    出版社，2003.

［62］中共中央文献研究室. 习近平关于青少年和共青团工作论述摘编［M］. 北
    京：中央文献出版社，2017.

［63］中共中央文献研究室.习近平关于全面依法治国论述摘编［M］.北京：中央文献出版社，2015.

［64］中共中央文献研究室.习近平关于实现中华民族伟大复兴的中国梦论述摘编［M］.北京：中央文献出版社，2014.

［65］中共中央宣传部.习近平新时代中国特色社会主义思想三十讲［M］.北京：学习出版社，2018.

［66］中共中央宣传部.习近平新时代中国特色社会主义思想三十讲［M］.北京：学习出版社，2018.

［67］中共中央宣传部.习近平总书记系列重要讲话读本［M］.北京：学习出版社，2014.

［68］中央党校采访实录编辑室.习近平的七年知青岁月［M］.北京：人民出版社，2019.

二、期刊杂志

［1］本报评论员.自觉做践行社会主义核心价值观的模范［N］.中国教育报，2017-03-13（001）.

［2］陈捷.核心素养：高校学生工作内涵式发展的应然路向［J］.思想教育研究，2020（02）：138-141.

［3］陈劲，尹西明，阳镇.新时代科技创新强国建设的战略思考［J］.科学与管理，2020（6）.

［4］楚国清.十八大以来习近平关于青年工作重要论述研究［J］.北京青年研究，2015（2）.

［5］褚宏启，张咏梅，田一.我国学生的核心素养及其培育［J］.中小学管理，2015（9）.

［6］褚宏启.核心素养的概念与本质［J］.华东师范大学学报（教育科学版），2016（1）.

［7］崔家新.习近平新时代青年观的马克思主义人学底蕴［J］.广西社会主义学院学报，2018（4）.

［8］邓辉，李炳煌.大学生实践能力结构分析与提升［J］.求索，2008（3）.

［9］邓希泉，李健，徐洪芳.中国青年人口与发展统计报告（2018）［J］.广东青年职业学院学报，2018（4）.

［10］冯留建，刘国瑞.习近平新时代青年发展观论析［J］.思想教育研究，2018（11）.

［11］胡丽娜.社会主义核心价值观有机融入大学生核心素养体系研究［J］.明日风尚，2016（17）.

［12］胡莉芳，龚丽鑫.核心素养生成的知识逻辑：以大学生信息素养为例［J］.现代大学教育，2022，38（03）.

［13］黄捷扬，张应强.核心素养视角下我国本科人才培养目标的问题与对策［J］.高等教育研究，2022，43（09）.

［14］黄蓉生，石海君.党的十八大以来习近平青年论述浅析［J］.思想教育研究，2016（8）.

［15］李昆秦.基于提升学生基础核心素养的高校教学实践思考［J］.化工进展，2020，39（07）.

［16］李升林.文化自信：青年发展的动力之源［J］.人民论坛，2019（7）.

［17］李士峰.对习近平关于新时代青年教育重要论述的感悟［J］.学校党建与思想教育，2020（5）.

［18］李一凡.习近平新时代青年观的核心观念与理论建构［J］.北京青年研究，2020（4）.

［19］李艺，钟柏昌.谈"核心素养"［J］.教育研究，2015（9）.

［20］李颖.当代大学生社会主义核心价值观的培养［J］.社会科学家，2020（9）.

［21］李正昌.微时代大学生社会主义核心价值观教育生活化探析［J］.学校党建与思想教育，2021（4）.

［22］连龙，胡明利.大学生情绪稳定性对心理健康的预测作用［J］.西北大学学报：哲学社会科学版，2007（6）.

［23］林崇德.中国学生发展核心素养：深入回答"立什么德、树什么人"［J］.人民教育，2016（19）.

［24］刘灿. 论新时代思想政治教育的文化使命［J］. 云南农业大学学报：社会科学，2021（1）.

［25］刘建军. 论"时代新人"的科学内涵［J］. 思想理论教育，2019（2）.

［26］柳礼泉，陈方芳. 党的十八大以来习近平青年教育思想论析［J］. 学习论坛，2016（7）.

［27］罗燕，刘惠琴. 高等教育人才培养的核心素养——国际机构报告的观点及其对我国的启示［J］. 中国高教研究，2022（12）.

［28］宁琼，肖光荣. 习近平新时代青少年工作思想［J］. 当代青年研究，2019（1）.

［29］裴英竹. 大学生数字素养及其培养策略［J］. 社会科学家，2022（09）.

［30］彭恩胜，傅琛. 新时代高校思政课教师核心素养的构成要素探析［J］. 学校党建与思想教育，2023（08）.

［31］彭文英. 以社会主义核心价值观引领网络直播［J］. 人民论坛，2020（32）.

［32］阮玉春. 习近平关于青年成长的论述蕴含的历史唯物主义底蕴及其意义［J］. 北京交通大学学报（社会科学版），2019（1）.

［33］施久铭. 核心素养：为了培养"全面发展的人"［J］. 人民教育，2014（10）.

［34］"素质教育的概念、内涵及相关理论"课题组. 素质教育的概念、内涵及相关理论［J］. 教育研究，2006（2）.

［35］《十八大以来重要文献选编》中册主要篇目介绍［N］. 人民日报，2016-06-15（006）.

［36］谭海萍，李子建，邱德峰. 大数据时代高等教育学生学习与核心素养：展望与挑战［J］. 江西师范大学学报（哲学社会科学版），2019，52（04）：15-20.

［37］王慧娟. 习近平青年观的时代价值与实践路径［J］. 中学政治教学参考，2019（7）.

［38］王慧娟. 习近平新时代青年观的理论渊源［J］. 当代青年研究，2019（1）.

［39］王学俭，阿剑波. 习近平新时代青年教育思想及其价值旨归［J］. 思想教

育研究，2018（8）．

［40］魏彤儒，白琳琳.毛泽东青年思想研究刍议［J］.华北电力大学学报（社会科学版），2020（2）．

［41］温艳.培养学生主动探究的学习能力［J］.读与写（教育教学刊），2015（12）．

［42］吴云志，于洋.习近平青年理想信念重要论述的三重维度［J］.青海社会科学，2020（1）．

［43］习近平.坚定文化自信，建设社会主义文化强国［J］.求是，2019（6）．

［44］习近平.思政课是落实立德树人根本任务的关键课程［J］.求是，2020（17）．

［45］习近平.我是黄土地的儿子［J］.政策，2018（2）．

［46］习近平论中国传统文化——十八大以来重要论述选编［J］.党建，2014（3）．

［47］谢东俊.习近平新时代青年观与当代大学生奋斗精神的培养［J］.高校辅导员学刊，2019（5）．

［48］辛涛，姜宇，刘霞.我国义务教育阶段学生核心素养模型的构建［J］.北京师范大学学报：社会科学版，2013（1）．

［49］熊晓琳，孙希芳.高校思政课教师的核心素养及提升路径［J］.思想理论教育导刊，2022（07）．

［50］徐斌，李夏洁.习近平青年理想信念观的基本特性［J］.思想教育研究，2018（8）．

［51］徐建飞.新时代思政课教师核心素养的出场语境、科学意涵与提升策略［J］.学校党建与思想教育，2020（07）：42-46.

［52］徐俊峰.习近平教育思想体系及其理论品格［J］.现代教育管理，2019（1）．

［53］许蓉.马克思恩格斯的青年全面发展思想及当代价值［J］.当代青年研究，2019（1）．

［54］姚福生，王磊，张志伟，谢峰.新时期大学生国际视野教育初探［J］.学术论坛，2008（1）．

［55］姚红. 论习近平青年社会主义核心价值观教育思想的主要内容［J］. 理论研究，2020（2）.

［56］余立. 大学生法律意识及其培养［J］. 理工高教研究，2009（5）.

［57］苑晓杰，左靓. 习近平关于新时代青年担当重要论述的三个维度［J］. 思想理论教育导刊，2020（12）.

［58］张金福. 习近平关于青年工作重要论述的思想特征［J］. 西南石油大学学报（社会科学版），2020（1）.

［59］张娜. De SeCo项目关于核心素养的研究及启示［J］. 教育科学研究，2013（10）.

［60］张娜. 联合国教科文组织的核心素养研究及其启示［J］. 教育导刊：上半月，2015（7）.

［61］张苹. 大学生问题解决能力培养研究［J］. 北京城市学院学报，2013（4）.

［62］张伟，李帆，杨斌. 基于核心素养的课堂改革本质、困境与出路［J］. 江苏高教，2020（5）.

［63］张炜，王良，钱鹤伊. 智能化社会工程科技人才核心素养：要素识别与培养策略［J］. 高等工程教育研究，2020（04）.

［64］张晓红. 习近平青年思想对青年社会工作专业化发展的启示［J］. 青年探索，2018（3）.

［65］张学松，张书义. 论当代大学生科学精神和人文精神的培养［J］. 天中学刊，2002（1）.

［66］张雪黎，魏新凯. 青年大学生马克思主义信仰状况调查研究［J］. 西部学刊，2019（4）.

［67］张耀铭，张路曦. 新媒体时代青年发展面临的机遇与挑战［J］. 青年发展论坛，2018（5）.

［68］张应强，黄捷扬. 培养大学生核心素养与深化高等教育评价改革［J］. 厦门大学学报（哲学社会科学版），2021（06）.

［69］张彧，陆卫明. 深刻认识习近平"青年兴则国家兴，青年强则国家强"的重要论述［J］. 思想理论教育导刊，2018（7）.

［70］赵景欣，彭耀光，张文新. 中华优秀传统文化传承与学生发展核心素养研

究［J］.中国教育学刊，2016（6）.

［71］赵娜.依法治国视域下大学生法律意识和规则意识的培养［J］.人力资源
管理，2015（9）.

［72］郑培钢，沈学颖.社会主义核心价值体系寓于大学生价值观教育［J］.高
校教育管理，2010（5）.

［73］周芳，任怡.论习近平新时代青年奋斗观的基本要义、特征及价值［J］.
思想理论教育导刊，2020（9）.

［74］朱宏强.习近平关于青年成长发展论述的思想蕴涵［J］.学校党建与思想
教育，2018（23）.

［75］朱淼.优秀传统文化融入大学生思想政治教育的思考［J］.学校党建与思
想教育，2014（23）.

［76］邹红，何秀成，简晓明，王丽华.知识经济时代大学生的知识结构及其构
建［J］.建材高教理论与实践，2001（4）.

三、学位论文

［1］曹雨苗.多元文化背景下大学生价值观培育策略［D］.西安：陕西科技大
学，2021.

［2］陈丽.习近平关于青年工作的重要论述研究［D］.武汉：华中师范大学，
2019.

［3］杜兰晓.大学生国家认同研究［D］.杭州：浙江大学，2014.

［4］江欣怡.网络泛娱乐主义对大学生价值观的影响及对策研究［D］.西安：
西安理工大学，2022.

［5］梁爽.新时代大学生价值观培育路径研究［D］.青岛：青岛理工大学，
2022.

［6］王登林.习近平新时代青年观及其当代价值研究［D］.重庆：西南大学，
2019.

［7］王东.习近平关于青年成才的重要论述研究［D］.重庆：西南大学，2020.

［8］王洪新.习近平新时代青年观研究［D］.哈尔滨：哈尔滨师范大学，2019.

［9］王娇.习近平青年教育观研究［D］.兰州：兰州大学，2019.

［10］王晶晶.习近平新时代青年思想政治观研究［D］.北京：中国地质大学，2019.

［11］王秀丽.我国高校创新人才培养研究［D］.长春：东北师范大学，2007.

［12］熊龙.当代大学生价值观形成研究［D］.石家庄：河北大学，2021.

［13］朱尉.习近平青年工作重要思想研究［D］.西安：陕西师范大学，2018.

［14］朱亚亚.习近平新时代青年观研究［D］.武汉：华中师范大学，2018.

大学新生核心素养现状调查问卷

亲爱的同学们，大家好！为提升高校教育和管理水平，了解大学生各项能力的发展现状，培养学生的综合素养，使大学教育立足学生的终身发展和社会需要，现在我们需要知道你们目前所具备的素养情况，请您帮忙填写这份问卷。

本测试旨在了解大家核心素养的真实情况，属于匿名统计，不会影响个人成绩，不用填写姓名和班级，所有调研数据是我们教学研究的重要参考依据，大家的答案可能会影响到我们对大学生现状的判断，所以请你一定要按照自己的真实想法回答，谢谢你的合作！

第一部分　基本情况

填写说明：请选出最符合你真实情况的选项。只选一个选项。

1. 我是

（1）男生（2）女生

2. 我居住在：_____省（自治区 / 直辖市）_____市_____区 / 县_____镇

3. 我的户口类型是

（1）城镇户口（2）农村户口

4. 我所就读的大学批次

（1）"双一流"高校（2）一本（3）二本（4）其他

5. 我所在的学校：_____ 我就读（或即将就读）的专业是：_____

6. 我所在的年级

（1）大一（2）大二（3）大三（4）大四

7. 我在上大学之前担任过学生干部

（1）是（2）否

8. 我目前的政治面貌是

（1）党员（2）预备党员（3）入党积极分子（4）团员（5）群众

9. 我所读的专业是

（1）文科（2）理科（3）工科（4）艺术（5）体育（6）其他

10. 我爸爸的受教育程度是：

（1）博士（2）硕士（3）大学本科（4）专科（5）高中/中专/职高

（6）初中（7）小学及小学以下（含未上过学）（8）不清楚

11. 我妈妈的受教育程度是：

（1）博士（2）硕士（3）大学本科（4）专科（5）高中/中专/职高

（6）初中（7）小学及小学以下（含未上过学）（8）不清楚

12. 我爸爸的工作是

（1）国家机关事业单位干部、国有企业/公司中高级管理人员、负责人

（2）公务员、律师、法官、检察官、军人、警察等专业技术人员（例如，教师、工程师、医生、护士等）

（3）一般职工（例如，鞋厂工人、厨师、餐饮服务人员等）

（4）个体、私营企业主

（5）农民

（6）无业、失业、下岗

（7）其他（请注明）_____

13. 我妈妈的工作是

（1）国家机关事业单位干部、国有企业/公司中高级管理人员、负责人

（2）公务员、律师、法官、检察官、军人、警察等专业技术人员（例如，教师、工程师、医生、护士等）

（3）一般职工（例如，鞋厂工人、厨师、餐饮服务人员等）

（4）个体、私营企业主

（5）农民

（6）无业、失业、下岗

（7）其他（请注明）＿＿＿＿＿＿＿＿＿

14. 我的家庭收入情况

（1）年收入低于2万元（2）年收入2万~5万元（3）年收入5万~10万元（4）年收入10万~20万元（4）年收入20万元以上

第二部分　现状调查

填写说明：请根据你的实际感受进行判断。每个题目有四个选项：A=完全符合，B=基本符合，C=较符合，D=不太符合，E=完全不符合；请你只选一个选项。

序号	分类	现状描述	完全符合	基本符合	有点符合	基本不符合	完全不符合
1	政治素养	我在大学有加入中国共产党的打算					
2		我不知道什么是社会主义核心价值观					
3		我对国家的未来充满信心，我认为我国一定可以实现中国梦					
4		我了解其他国家和我国的交流合作关系					
5		我了解中国共产党的历史和光荣传统，读过党史相关书籍					
6		如果网上看到有人抹黑中国的言论，我会指出错误					

续表

序号	分类	现状描述	完全符合	基本符合	有点符合	基本不符合	完全不符合
7	政治素养	我知道本届党的政治局常委					
8		我参加过街道委员会或者村民委员会的志愿者工作					
9	道德素养	我热爱劳动，尊重他人劳动成果，也有良好的劳动习惯					
10		我会主动参加家务劳动，帮助家长完成家务					
11		我尊重同学，能够倾听同学的想法或观点					
12		我会发现其他同学的闪光点，彼此友好相处					
13		我会和其他同学组织一些活动（如去敬老院、孤儿院等）为他们做些力所能及的事情					
14		我记得父母的生日					
15		我在日常基本做到了待人文明礼貌、做事诚信友善					
16		我很少和舍友争吵					
17	法治素养	我具备基本的政治法律常识					
18		我通读过《宪法》					
19		我翻看过《民法典》					
20		我利用法律知识维护过自己的权益					
21		我参加过法律知识宣传活动					
22		我选修过法律相关课程					
23	文化素养	我了解国外的文化，理解世界多元文化的重要性和意义					
24		我经常阅读文学作品，并积累了一定的文学知识					
25		我对世界历史感兴趣					
26		我知道哲学和宗教的基本知识					
27		我具有基本的艺术鉴赏能力					

续表

序号	分类	现状描述	完全符合	基本符合	有点符合	基本不符合	完全不符合
28	文化素养	我了解中华优秀传统文化,有志于让更多人了解我国的文明成果					
29		我了解我国的国情历史,我为自己是一个中国人感到自豪					
30		我经常读一些历史书籍或者看一些历史视频					
31	生态素养	我热爱且尊重自然,深知人类不合理行为会给自然带来灾难。如日常出行,我更乐于选择骑自行车、乘坐公交的出行方式					
32		我会注意合理搭配食物,注重科学饮食					
33		我会科学锻炼,注重自己身体的健康发展					
34		我会要求自己要早睡早起,作息规律					
35		我每天都会吃素食					
36		我每天都会吃肉食					
37		我经常喝奶茶或其他饮料					
38	网络素养	我明白要防范网络病毒和抵制不健康的网络信息					
39		我能够与其他同学一起建立公众号或者博客来发布交流信息					
40		我经常在评论或论坛里表达自己的观点					
41		我晚上有通宵玩手机的习惯					
42		我上课经常看手机					
43		我经常利用闲暇时间玩手机游戏					
44		我经常在网络上学习一些专业课知识					
45		我会自己安装电脑操作系统					
46		我精通office或者其他办公软件					

第三部分　基础教育

填写说明：请选出最符合你真实情况的选项，每个题目只选一个选项。

1. 中学时期，我所在的学校有社团、操作课、实验课等，且学校鼓励我们课外时间参与其中。

（1）是（2）否

2. 中学时期，我所在的学校有专门的学生问题反馈渠道，如座谈会、意见信箱等，且能够有效使用，学生反馈的问题能够得到普遍解决。

（1）是（2）否

3. 中学时期，我所在的学校的老师关心、尊重且公平对待学生，乐于倾听学生们的声音和问题

（1）是（2）否

4. 中学时期，学校课堂上，老师经常组织我们进行小组讨论、小组合作学习

（1）是（2）否

5. 中学阶段，我的任课老师大部分学历

（1）专科生及以下（2）本科生（3）硕士生（4）博士生

6. 上大学前，父母在培养、教育等方面花费精力最多的事情是

（1）我的日常起居（2）与我一起玩

（3）我的兴趣、爱好、特长培养及其他（4）我的学习与智力开发

7. 中学阶段，我父母通过哪种方式了解你在学校的情况

（1）不闻不问（2）其他同学（3）家长会（4）其他 ＿＿＿＿＿＿

8. 家里有哪些学习设备及书籍

（1）只有电视机、收音机、手机（2）20本以上专供阅读的课外读物

（3）专门订阅的各学科报纸、杂志等资料（4）有电脑并经常上网学习

（5）其他

9. 小学阶段，父母在我课余时间，会安排我学习哪些内容

（1）与同学一起玩耍，没有具体安排（2）学习唱歌、跳舞、书法等爱好（3）完成老师布置的作业（4）参加数理化提高科技文化知识

10. 我家庭里的人际关系非常好

（1）完全不符合（2）较不符合（3）较符合（4）完全符合

11. 我和父母对我的学习有不同意见时，是怎么处理的

（1）他们的话我只能服从，很多时候是口服心不服

（2）一般他们都听我的，我比较受宠

（3）基本没有这种情况，因为我们很少在一起聊天什么的

（4）我们会相互沟通，各抒己见

12. 父母对我的管教方式

（1）不闻不问（2）会经常督促我学习，但一般不检查

（3）安排学习任务，然后检查（4）请家教，陪我一起学习

13. 父母对我学习的期望程度

（1）心猿意马（2）得过且过（3）敢怒不敢言（4）望子成龙，望女成凤

第四部分　现状调查

填写说明：请选出最符合你真实情况的选项，每个题目可以选择多个选项。

1. 您认为下列特点在当代大学生身上表现得尤为突出

□A. 吃苦耐劳 □B. 锐意革新 □C. 积极进取 □E. 志存高远

□F. 谦虚好学 □G. 诚实守信 □H. 思维活跃 □I. 视野开阔

□J. 随性而为 □K. 承受能力差 □L. 缺乏道德标准

2. 您对 21 世纪大学生核心素养的了解程度

□A. 非常了解 □B. 部分了解 □C. 听说过，但不是很清楚 □D. 不了解

3. 您认为 21 世纪当代大学生核心素养的定义为

□A. 学习与创新素养，包括批判性思考和解决问题能力，沟通与协作能力，创造与革新能力

□B. 数字化素养，包括信息、媒体、信息与通信技术素养

□C. 职业和生活技能素养，包括灵活性与适应能力，主动性与自我导向，社交与跨文化交流能力，高效的生产力，责任感与领导力

□D. 其他（请具体说明）

4. 您认为当代大学生发展必不可少的六大核心素养有哪些?

□A. 人文底蕴 □B. 社会责任 □C. 国家认同 □D. 审美情趣 □E. 科学精神

□F. 学习精神 □G. 健康生活 □H. 责任担当 □I. 实践创新

□J. 其他（请具体说明）

5. 从下列选项中选出六个您认为在发展当代大学生核心素养应重视的方面

□A. 人际交往与合作 □B. 信息技术、科学素养 □ C. 学会学习

□D. 独立自主、适应、反思、审美能力 □E. 冲突解决能力

□F. 计划、组织与实施 □G. 自我管理 □H. 创新与创造力

□I. 主动探究、解决问题能力 □J. 社会参与和贡献 □K. 多元化理解、国际意识

□L. 生涯发展与规划 □M. 法律法规意识、安全行为意识

□N. 其他（请具体说明）

6. 您对"大学生是否应该成为社会主义核心价值观的实践者和传播者"的态度?

□A. 非常肯定

□B. 比较肯定

□C. 不太肯定

7. 您认为大学生核心素养的提升主要依靠？

□A. 国家　□B. 社会　□C. 学校　□D. 家庭　□E. 个人

8. 您认为国家、社会、学校、家庭及个人对大学生核心素养提升的工作做得如何？

□A. 很到位　□B. 比较到位　□C. 一般　□D. 非常一般

9. 在学习方面，您认为大学生需要在哪些方面有所提升？

□A. 能够正确认识和理解学习的价值，具有积极的学习态度

□B. 能够养成良好的学习习惯，掌握自己的学习方法

□C. 能够自主学习，具有终身学习的态度

□D. 其他（请具体说明）

10. 在批判质疑方面，您认为大学生需要在以下哪些方面有所提升？

□A. 具有发现问题的意识

□B. 能够独立思考，独立判断

□C. 思维缜密，能够多角度，辩证分析问题，能够作出抉择和选择

□D. 其他（请具体说明）

11. 在实践创新方面，您认为大学生需要在以下哪些方面有所提升？

□A. 培养创新精神，具有首创精神（创新精神）去适应 21 世纪人才深造和国家发展需要

□B. 独立自主学习，认真思考问题，从不同角度思考问题，对老师的问题要学会质疑

□C. 多阅读课外书籍，接受先进的科学文化知识，拓宽视野

□D. 积极参与实践活动，培养动手操作能力，创新技术能力和信息加工能力

□E. 其他（请具体说明）

12. 在社会责任方面，您认为大学生需要在以下哪些方面有所提升？

□A. 自尊自律、文明礼貌、诚信友善、宽以待人

□B. 尊敬师长、学会感恩

□C. 热心公益和志愿服务、敬业奉献、有团队精神和互助精神

□D. 尽职尽责、有所作为，对自己和他人负责

□E. 能够明辨是非、具有法制意识、积极履行公民义务、行使公民权利

□F. 维护社会公平正义

□G. 热爱并尊重自然、勤俭节约、具有可持续发展意识和绿色生活方式

□H. 其他（请具体说明）

13. 您对当代大学生核心素养发展现状还有什么看法或者感受？你认为大学生应该具备哪些核心素养？

注：本调查问卷仅供样本参考，实际使用可根据具体情况调整或修改。